小学版）

中小学实践基地课程设计与指导

ZHONGXIAOXUE
SHIJIAN JIDI KECHENG
SHEJI YU ZHIDAO

主　编◎童光法　何　伟
副主编◎黄泽彪　王　洁　古欣娅　王志鸿
参　编◎童光法　何　伟　兰　高　贺　喜　王　洁　黄泽彪
古欣娅　赵　刚　张　伟　银　川　梁　静　黄梦杰
吴　朋　程韵捷　石远洋　贺倩倩　曾　婷　王　娟
唐晓廷　罗　丹　王　优　吴雨芯　王晓容　银晓渝
杨　柳　邱家蕾　黄晓军　张　鹏　陈治桉　宗　凤

重庆大学出版社

图书在版编目(CIP)数据

中小学实践基地课程设计与指导：小学版 / 童光法，何伟主编. -- 重庆：重庆大学出版社，2019.9

ISBN 978-7-5689-1835-0

Ⅰ.①中… Ⅱ.①童… ②何… Ⅲ.①活动课程—小学—教学参考资料 Ⅳ.①G622.3

中国版本图书馆 CIP 数据核字(2019)第 215056 号

中小学实践基地课程设计与指导(小学版)

主　编　童光法　何　伟

副主编　黄泽彪　王　洁　古欣娅　王志鸿

策划编辑:章　可

责任编辑:杨育彪　　版式设计:章　可

责任校对:王　倩　　责任印制:赵　晟

*

重庆大学出版社出版发行

出版人:饶帮华

社址:重庆市沙坪坝区大学城西路 21 号

邮编:401331

电话:(023) 88617190　88617185(中小学)

传真:(023) 88617186　88617166

网址:http://www.cqup.com.cn

邮箱:fxk@cqup.com.cn (营销中心)

全国新华书店经销

重庆升光电力印务有限公司印刷

*

开本:787mm×1092mm　1/16　印张:14.75　字数:379 千

2020 年 6 月第 1 版　2020 年 6 月第 1 次印刷

ISBN 978-7-5689-1835-0　定价:30.00 元

编委会

前言

Qianyan

重庆市铜梁青少年综合实践基地是中央专项彩票公益金支持建设的国家示范性综合实践基地。 基地建设有各类科技馆室 40 余个、拓展训练项目 70 余项、手工制作 10 余项及文体活动项目 20 余项，形成了由专题教育、生存体验、素质拓展、科学实践等四人领域类别、25 个模块系列、150 多个项目内容组成的课程体系，集中对广大青少年开展学工、学农、学军、生命安全等综合实践教育活动。

编者根据教育部《中小学综合实践活动课程指导纲要》，在华中师范大学专家的指导下，结合综合实践活动课程的目标，设计了活动主题和具体内容。 本书的内容选择与组织严格遵循自主性、实践性、开放性、整合性、连续性原则；活动课程方式采用考察探究、社会服务、设计制作、职业体验等方式；课程评价主张多元评价和综合考察，充分肯定活动方式和问题解决策略的多样性，鼓励学生自我评价与同伴间的合作交流和经验分享，对学生的活动过程和结果进行综合评价。

本书在编写过程中，得到了华中师范大学综合实践活动课程研究中心专家的悉心指导，也得到了铜梁青少年综合实践基地全体教师的大力支持，在此一并表示感谢！ 由于基地课程体系是逐渐创新发展的，加之各基地课程资源不同，故本书难免有疏漏之处，望各位教师在使用过程中提出宝贵的意见和建议，以便再版时修订完善。

编　者

2019 年 8 月

目 录
Contents

科 技

KEJI

初识 3D 打印

适用年段：小学　　建议时间：90 分钟

活动目标

学生能够初步建立平面与立体的认知，理解 3D；体验 3D 打印过程，初步感知 3D 打印；能够说出几点 3D 打印技术的历史及应用前景，产生对新技术的学习兴趣。

活动准备

材料：3D 打印系统设备及材料，真实 3D 打印成品，介绍 3D 打印的相关图片、视频或 PPT 及其他活动所需材料。

场地：机器人馆。

活动实施

1.情境导入

你用过打印机吗？用打印机做什么？和同学们交流使用打印机的经历。观察老师呈现的 3D 打印实物，比较下面两幅图，认识一个神奇的朋友——3D 打印机。

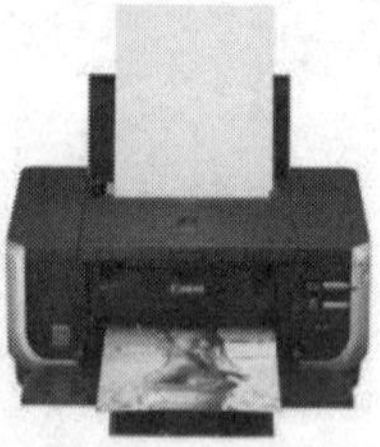

指导建议：

（1）将关于 3D 打印的新知与学生的生活经历联系起来，了解学生对 3D 打印的前置经验，是开启学生新的学习过程的基础。

（2）请学生描述从计算机输入图文到打印机打印在纸上的打印过程，有利于帮助学生理解 3D 打印。

（3）教师呈现 3D 打印的实物时，尽可能选择立体感强的实物，让学生猜一猜，老师是怎么把这个东西做出来的，引起学生的好奇心。

2.布置任务

任务:观察 3D 打印机工作的过程,初步了解 3D 打印技术。

要求:(1)理解 3D 的含义;(2)能描述 3D 打印机工作的流程;(3)能列举 3D 打印可能在生活中的运用。

3.项目探究

比较普通打印出的图文与教师示例的 3D 打印实物,联系数学知识,说说平面与立体的不同,理解什么是 3D。

指导建议:不必传授准确的平面与立体、二维与二维概念,学生用自己的,基本上符合关于平面与立体、三维与二维的表达均应得到赞许。可尝试设计一个实验来说明从平面到立体的过程,比如通过不断层积叠加纸张形成立体的过程等,可能更容易帮助学生理解 3D 打印。

4.制订方案

观察 3D 打印机和 3D 打印作品,同学们发现 3D 打印机和平时使用的打印机不同,能打印出立体的物品。面对神奇的 3D 打印机,请你与小伙伴们交流,谈谈你还想知道什么?还有哪些问题?大家对这些问题有哪些猜想?如何研究同学们围绕 3D 打印提出的问题呢?请独立思考,记录你的问题、猜想,以及可能帮助你解决问题的办法。

“初识 3D 打印”小组活动方案表

小组名称:　　　　　　　　　　　　　　　　　　　　日期:

<table>
<tr><td>问　题</td><td colspan="3"></td></tr>
<tr><td>猜　想</td><td colspan="3"></td></tr>
<tr><td>解决方法</td><td colspan="3"></td></tr>
<tr><td>发　现</td><td colspan="3"></td></tr>
<tr><td colspan="4">任务分工</td></tr>
<tr><td>项　目</td><td>记录人</td><td>注意事项</td><td>负责人</td></tr>
<tr><td></td><td></td><td></td><td></td></tr>
<tr><td></td><td></td><td></td><td></td></tr>
<tr><td></td><td></td><td></td><td></td></tr>
<tr><td></td><td></td><td></td><td></td></tr>
</table>

指导建议:

(1)学生围绕3D打印机提出的问题可能比较杂乱,需要教师进行归纳整理,发现问题之间的关系。例如有些问题是关于3D打印机的工作流程的,有些问题是指向3D打印机的运用等。

(2)学生的问题及猜想能有效地激发学生自主探究的欲望,是后续活动的重点,不可忽视。

5.任务实施

观察从设计到打印完成的3D打印简短视频,体验3D打印的过程,描述3D打印的基本步骤。归纳出3D打印先在计算机上设计立体图(建模),再将模型文件传给3D打印机分层叠加打印出来的工作原理。

指导建议:视频如太长,可将设计模型和打印阶段的中间过程缩短,特别要呈现打印开始和接近成品部分。对现阶段的学生而言,需明白3D打印机是可以打印出真实的3D物体的一种设备。老师可现场设计最简3D模型并启动3D打印,若时间受限的话,可直接导入预先设计建模的简单模型文件,启动3D打印并保持工作,让学生观察到打印是分层叠加的过程。

关于3D打印的概念、发展史、现状及应用领域和前景,目前常用到的建模设计软件、文件格式,目前能用于3D打印的输入材料及主流技术、主要特点等问题,同学们可以浏览教师提供的视频或文本资料,搜索并记录你需要的信息。

我的问题	
信息记录	
信息来源	
新的问题	

指导建议：若教学有网络环境的支持，教师可提供开放的信息环境供学生探究。如果条件不足，教师可预先收集相关资源，形成包含视频、图文信息的资源库，提供给学生搜索。也可由老师利用 PPT 和资料为学生介绍相关信息，或访谈的方式，为学生提供相关信息。

活动总结

1.评价

通过观察、体验、信息搜索活动，我们一起揭开了 3D 打印神秘的面纱，认识了 3D 打印这个神奇的新朋友，对比评价表，盘点自己的收获。

评价表

小组成员：　　　　　　　　　　　　　　　　　　总分：

评价项目	评价等级		
	一级(3 分)	二级(2 分)	三级(1 分)
质　疑	能围绕 3D 打印提出清晰、有层次的问题，并进行分析，提出猜想	能围绕 3D 打印提出问题，并提出猜想	能围绕 3D 打印提出问题
观　察	能通过观察理解 3D 打印的含义，归纳出 3D 打印机的工作流程和用途	能通过观察，说出 3D 打印机的流程和特点	能通过观察理解 3D 打印的含义
表　达	能用实物及图文结合的方式与同学分享对 3D 打印的认知，描述 3D 打印机的工作流程及运用设想	能表达对 3D 打印的基本认识，简要说明 3D 打印机的工作流程及运用设想	能说出对 3D 打印的基本认识

指导建议：这是对整个活动回顾的过程，教师可利用学习单的评价指标，引导学生进行反思，此处评价旨在让学生意识到什么样的学习是好的学习，不宜以评比方式组织。学生交流时，教师可从交流的内容和形式两个方面引导学生相互借鉴。

2.反思

请你与小组伙伴交流，谈谈你眼里的 3D 打印是什么，3D 打印机是怎么工作的，你想用它来做什么；与全班同学分享你们小组的发现。思考如何结合图文及实物，才能使同学们明白你们小组对 3D 打印的理解；交流实际活动中遇到的问题和困难，盘点这个项目的收获以及如何对项目进行改进。

拓　展

引导同学们用 3D 设计软件，从现在开始踏上 3D 设计建模、3D 设计打印的新旅程。尝试在家用计算机注册、安装正版的免费家用 3D 设计软件并自学。

知识链接

近些年来伴随 3D 打印(3D Printing，3DP)技术的发展，其应用领域不断扩展，将 3D 打印技术运用于培养学生的创新精神和实践能力，将富有创意的设计真实地呈现出来，学生亲历实现创意的过程，能有效地激发学生对数学、科学，特别是工程技术的兴趣。3D打印新技术带来的创造思维的改变，从学生对3D打印技术的基本认知开始。

“初识3D打印”学习单

[活动目标]

学生能够初步建立平面与立体的认知，理解3D；体验3D打印过程，初步感知3D打印；能够说出几点3D打印技术的历史及应用前景，产生对新技术的学习兴趣。

[活动方案]

“初识3D打印”小组活动方案表

小组名称：　　　　　　　　　　　　　　　　　　　　　　　　日期：

问　题			
猜　想			
解决方法			
发　现			
任务分工			
项　目	记录人	注意事项	负责人

[评价与反思]

评价表

小组成员：　　　　　　　　　　　　　　　　　　　　　　　　总分：

评价项目	评价等级		
	一级(3分)	二级(2分)	三级(1分)
质　疑	能围绕3D打印提出清晰、有层次的问题，并进行分析，提出猜想	能围绕3D打印提出问题，并提出猜想	能围绕3D打印提出问题
观　察	能通过观察理解3D打印的含义，归纳出3D打印机的工作流程和用途	能通过观察，说出3D打印机的流程和特点	能通过观察理解3D打印的含义
表　达	能用实物及图文结合的方式与同学分享对3D打印的认知，描述3D打印机的工作流程及运用设想	能表达对3D打印的基本认识，简要说明3D打印机的工作流程及运用设想	能说出对3D打印的基本认识

一触即溃

适用年段：小学　　建议时间：60 分钟

活动目标

观看视频，并结合已有经验，能说出多米诺骨牌的特点；搭建直线、曲线等类型的多米诺骨牌，掌握多米诺骨牌的基本码放方法；搭建形状复杂的多米诺骨牌，锻炼自身毅力和创造力；小组合作搭建，提高合作意识，培养团队精神。

活动准备

材料：教学课件、多米诺骨牌（每组 200 片）及其他活动所需材料。

场地：多米诺骨牌馆。

活动实施

1.情境导入

生活中的多米诺骨牌：教师播放蜡笔小新推倒搭建的多米诺骨牌过程的视频，结合学生自身对多米诺骨牌的认识，提问多米诺骨牌有哪些特点。

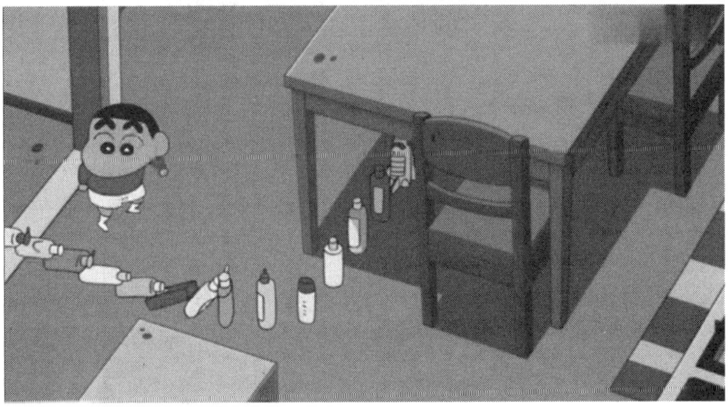

指导建议：教师可参考以下问题进行提问——蜡笔小新在干什么？他成功了吗？为什么？你曾经做过这种事情吗？

2.初步尝试

挑战一：学生抽取教师给出的多米诺骨牌图案，小组合作尝试搭建，并总结多米诺骨牌距离、角度的摆放技巧。教师需引导并做补充。

多米诺骨牌图案：

矩形摆放难点解析：

指导建议：教师可参考以下问题进行提问——你遇到了什么问题？你发现要注意什么了吗？同时，教师需注意多米诺骨牌摆放的距离要求（不超过一片多米诺骨牌的长度），矩形摆放的难点解析（利用多米诺骨牌摆放矩形的拐角时，需调整多米诺骨牌的角度），以及学生耐心、合作方面的引导。

挑战二：学生根据教师给出的多米诺骨牌造型图，搭建并尝试推倒，说出自己的发现，总结遇到的问题。同时，教师引导学生观察交叉点的摆放特点。

多米诺骨牌造型图：

引导解析：

指导建议：教师可参考以下问题进行提问——你发现了什么不同？为什么会有这样的不同？能全部推倒的关键是什么？同时，教师需注意引导学生总结多米诺骨牌在交叉点的摆放特点（每两片多米诺骨牌之间摆放角度约为60°，分支的两片骨牌之间的距离不能超过一片骨牌的宽度）。

3.布置任务

小新有个朋友叫阿呆，也想玩多米诺骨牌，但是他只会摆放简单的造型，没有耐心和毅力来搭建复杂的造型，有时候他好不容易搭建出一个比较复杂的造型，结果一推，只倒了一小部分，所以他很有挫败感。我们来帮他设计一个造型，尝试搭建并推倒。

任务：摆放一个造型复杂的多米诺骨牌。

要求：（1）多米诺骨牌数量不超过200片；（2）交叉点不少于两个；（3）多米诺骨牌造型中要求含曲线部分；（4）摆放的多线多米诺骨牌在推倒一块之后，其余的多米诺骨牌均能倒掉。

4.制订方案

“一触即溃”小组活动方案表

小组名称： 日期：

我们的设计草图	
多米诺骨牌的交叉点个数	
我们这样分工	
我们遇到了这些困难	
多米诺骨牌的摆放和推倒，让我们学到了什么？	

5.执行任务

(1)设计草图:小组合作,画多米诺骨牌造型图,教师提示注意交叉点个数。

(2)确定分工.在地上划分大致区域,确定小组分工以及各自搭建部分。

(3)合作搭建:小组合作搭建多米诺骨牌。

指导建议:教师巡视指导,对于有困难的小组,可以进行一些指导。

活动总结

1.展示与交流

(1)学生以小组为单位,展示草图确定交叉点数量及多线多米诺骨牌造型,并观看其推倒过程。观察哪一组交叉点多,造型复杂,以及能够“一触即溃”。

(2)教师引导学生思考:交流分叉处理方法有哪些？从多米诺骨牌中遇到了什么困难？学到了什么？在搭建多米诺骨牌的过程中,应该保持怎样的心态？团队与多米诺骨牌有什么内在联系？

(3)各小组根据评价表,进行投票,只能投本组以外的作品。根据投票结果选出优胜小组。

指导建议:教师需根据学生所了解到的相关知识,加以引导、补充和修正,指导学生了解多米诺骨牌搭建中需要注意的地方。通过引导和提升本课内容,增强学生的毅力、耐心,培养团队精神。

2.评价与反思

学生以小组为单位,按照评价表,对其他小组进行评价。

评价表

小组成员: 总分:

<table>
<tr><th rowspan="2">评价项目</th><th colspan="3">评价等级</th></tr>
<tr><th>级(3分)</th><th>二级(2分)</th><th>三级(1分)</th></tr>
<tr><td>交叉点</td><td>搭建3个以上交叉点的多线多米诺骨牌</td><td>搭建2~3个交叉点的多线多米诺骨牌</td><td>搭建的多线多米诺骨牌仅有1个交叉点</td></tr>
<tr><td>造　型</td><td>造型多样,有3个以上的不同的曲线造型</td><td>造型多样,有2~3个不同的曲线造型</td><td>造型简单,有1个曲线造型</td></tr>
<tr><td>搭　建</td><td>搭建过程有耐心,小组合作不争吵,不指责</td><td>小组合作偶尔有指责,但不争吵,基本上能相互理解、相互合作完成搭建</td><td>搭建多米诺骨牌没有耐心,小组常出现争吵,不配合,导致不能顺利合作完成搭建</td></tr>
<tr><td>推　倒</td><td>搭建的多线多米诺骨牌造型能在推倒其中一块后全部倒掉</td><td>搭建的多线多米诺骨牌造型能在推倒其中一块后大部分倒掉</td><td>搭建的多线多米诺骨牌造型能在推倒其中一块后小部分倒掉</td></tr>
</table>

指导建议:在评价环节中,教师应事先让学生了解评价标准,要求学生熟悉评价表的内容,对评价标准中的能力培养目标或要求做到心中有数。

拓　展

教师结合任务目标及学生表现对活动做出小结,结合视频《多米诺骨牌效应的神秘力量,让我被一块巧克力推倒了》引导学生思考为什么巧克力能把“我”推倒?巧克力推倒“我”需要什么样的条件?从而让学生判断下图是否能“一触即溃”,可如何优化?

知识链接

多米诺骨牌的游戏方法、精神及功能介绍：

(1)多米诺骨牌是一种用木头、骨头或塑料制成的长方体骨牌。一幅多米诺图案由几百、几千甚至上万张骨牌组成。多米诺骨牌除了可码放单线、多线、文字等各式各样的多米诺骨牌造型外，还可充当积木搭房子、盖牌楼、制成各种各样的拼图。

(2)游戏方法：多米诺骨牌游戏规则非常简单，将骨牌按一定间距排成单行，或分行排成一片。推倒第一张骨牌，其余发生连锁反应依次倒下，或形成一条长龙，或形成一幅图案，骨牌撞击之声，清脆悦耳；骨牌倒下之时，变化万千。

(3)摆放：摆放是关键步骤。尽管有一些工具一次可摆放十几枚骨牌，但很多地方的骨牌还是需要一枚一枚地操作，有时甚至需要用镊子等工具。

(4)游戏精神：人生如游戏，玩好不容易，需要良好的心态，好好把握每一天；人做事，要学会忍耐、专注、执着，要有拼搏的精神，坚持到底就是胜利；要与时俱进，勇于进取，永无止境。

(5)功能介绍：多米诺骨牌需要一张张摆下去，它不仅考验参与者的体力、耐力和意志力，而且还培养参与者的智力、想象力和创造力。多米诺骨牌游戏是一项集动手、动脑于一体的运动，能培养人的创造能力，增强人的自信心，是一项品位高雅的娱乐活动。而且不受时间、地点的限制，对开发参与者的智力、创造力和想象力及动手能力、思维能力都非常有益，更重要的是，它能够锻炼参与者的意志力，使他们最大限度地发扬团队精神。

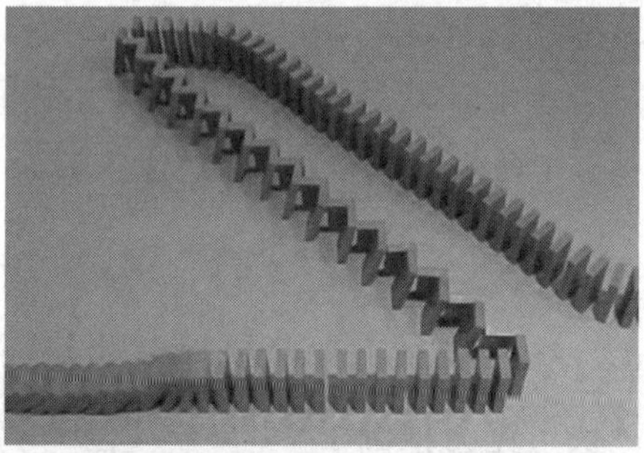

“一触即溃”学习单

[活动目标]

观看视频，并结合已有经验，能说出多米诺骨牌的特点；搭建直线、曲线等类型的多米诺骨牌，掌握多米诺骨牌的基本码放方法；搭建形状复杂的多米诺骨牌，锻炼自身毅力和创造力；小组合作搭建，提高合作意识，培养团队精神。

[活动方案]

“一触即溃”小组活动方案表

小组名称：　　　　　　　　　　　　　　　　　　日期：

我们的设计草图	
多米诺骨牌的交叉点个数	
我们这样分工	
我们遇到了这些困难	
多米诺骨牌的摆放和推倒，让我们学到了什么？	

[评价与反思]

评价表

小组成员：　　　　　　　　　　　　　　　　　　总分：

评价项目	评价等级		
	一级(3分)	二级(2分)	三级(1分)
交叉点	搭建3个以上交叉点的多线多米诺骨牌	搭建2~3个交叉点的多线多米诺骨牌	搭建的多线多米诺骨牌仅有1个交叉点

续表

评价项目	评价等级		
	一级(3分)	二级(2分)	三级(1分)
造　型	造型多样,有3个以上的不同的曲线造型	造型多样,有2~3个不同的曲线造型	造型简单,有1个曲线造型
搭　建	搭建过程有耐心,小组合作不争吵,不指责	小组合作偶尔有指责,但不争吵,基本上能相互理解、相互合作完成搭建	搭建多米诺骨牌没有耐心,小组常出现争吵,不配合,导致不能顺利合作完成搭建
推　倒	搭建的多线多米诺骨牌造型能在推倒其中一块后全部倒掉	搭建的多线多米诺骨牌造型能在推倒其中一块后大部分倒掉	搭建的多线多米诺骨牌造型能在推倒其中一块后小部分倒掉

认识海洋生物

适用年段：小学　　建议时间：90 分钟

活动目标

能够了解基本的点、线、面图形装饰方法；能够通过小组合作交流发挥想象力，给海洋鱼类添加有趣的花纹；学生在小组合作学习中，初步感知团结合作的重要性，初步培养团队合作的意识；学生在添画和涂色的过程中，养成细心和耐心的品质，对绘画产生兴趣。

活动准备

材料：海洋生物书籍、水彩笔、油画棒、绘画用纸等。

场地：神笔马良馆。

活动实施

1.情境导入

教师：海底是一片神秘而迷人的世界，潜入海底可以看到我们意想不到的世界，今天老师就带同学们一起“潜入”海底去探寻这个神秘的世界，同学们准备好了吗？

同学们观看海底世界视频，感受海底的绚丽和神秘。

教师：视频结束了，在这段视频中你看到了什么？

教师：海洋中有近千种鱼类，它们色彩鲜艳，形体各异，深受人们的喜爱。我们今天就用手中的画笔来“创造”一片迷人的海底世界。

2.布置任务

任务：“创造”海洋世界

要求：小组合作，在规定时间内，用数位艺术体现海洋世界的丰富多彩。

3.制订方案

教师把从海底拍摄到的海洋鱼的图片装在文件袋中，同学们根据老师的要求，带着任务去欣赏和观察这些海洋鱼。

指导建议：海底世界对于孩子们来说是非常熟悉又十分感兴趣的地方。海底世界五彩斑斓的色彩、造型各异的海洋动物吸引着孩子们的注意力，本活动设计通过观察海洋鱼类身上绚丽的色彩和多变的花纹，引导学生发现点、线、面装饰规律在艺术创作中的运用，让学生感受到艺术来源于生活,同时又高于生活。在探索和发现中体验成功的喜悦,激发他们大胆地想象和创造。

“认识海洋生物”小组活动方案表

小组名称: 日期:

你认识图片中的海洋鱼吗?把你知道的鱼的名字写下来(种类)	
它身上的颜色有哪些?用水彩笔把颜色涂在格子中	
它的身上有什么样的花纹,把花纹画在格子中	
请把你所知道的海洋鱼画在右边	
你们如何分工	

4.活动实施

(1)项目探究。

支点:海洋鱼类

探究问题:①海洋鱼类有哪些种类?②不同种类的海洋鱼分别具有什么特点?并简述其生活习性。

指导建议:海洋中生物种类很多,海洋生物根据它们的栖息场所和活动方式,可归纳为3个基本生态类型,即浮游生物、底栖生物和游泳动物。教师引导学生利用书籍、网络等进行查找与探究。

(2)执行。

学生以小组为单位,依据活动方案表,分工协作进行海洋世界“创造”。

指导建议:准备海洋生物色彩与花纹的相关材料,便于活动过程中给学生一定的启发与引导;教师提前准备好涂色和添画的示范图,在课堂中指点学生涂色、添画。教师在学生创作过程中巡视教室,给学生适时的指导;提前打印好各小组需要使用的海洋生物外形图。

活动总结

1.展示与交流

学生分小组上台展示小组的合作发现;师生交流学生发现的有趣现象;学生说出本组开展活动过程中遇到的问题,小组成员是如何想办法解决问题的?还有哪些困惑?教师适时小结:从同学们的小组观察分析中,我们可以了解到海洋鱼的种类非常多,它们的身上有着绚丽的花纹,有的是斑点,有的是条纹,还有的是一块一块的色彩;它们身上的色彩也非常鲜艳,有的是红黑相间,有的是黄白相间,有的通体散发着金色的光芒,漂亮极了。

指导建议:在学生交流过程中,教师适时强调要有合作的意识,同时引导学生将发现的重点放在花纹和色彩上,引导学生分析海洋鱼花纹和色彩的特点。

2.评价与反思

"认识海洋生物"个人总结与反思

姓名: 日期:

我的表现	
我组选的海洋生物名称及其特点主要有:	
我组绘制海洋生物的步骤是:	

学生以小组为单位,按照评价表,对其他小组进行评价。

评价表

小组成员: 总分:

评价项目	评价等级		
	一级(3分)	二级(2分)	三级(1分)
观　察	通过观察,能够说出3种以上点、线、面图形的装饰方法	通过观察,能够说出至少3种点、线、面图形的装饰方法	通过观察,能够说出3种以下点、线、面图形的装饰方法
动　手	能按照方案,发挥想象力,给海洋鱼类添加有趣的花纹	能按照方案,给海洋鱼类添加有趣的花纹	未能按照方案,顺利给海洋鱼类添加有趣的花纹
合　作	小组成员积极讨论、分工明确	小组成员中个别成员不愿与组内成员积极讨论,但能完成分配的任务	小组成员都不愿进行讨论,不能完成分配的任务

拓 展

大自然是一个伟大的造物主，它创造出了这一片绚丽多姿的海底世界，艺术家们也在向大自然学习，他们用画笔描绘了许多以鱼为主题的艺术作品，请大家观察分析一下，这些作品中是不是也有这些斑点、条纹以及色块呢？请大家分小组讨论，并且圈出你们的发现。分小组交流发现结果，师生共同分析作品中的点、线、面。

点：这些都可以是点；

点也可以是规则的，例如：

也可以是无规则的，例如：

线：有直线、曲线 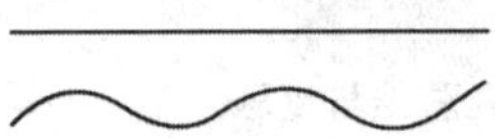

可以垂直：；可以水平：；可以倾斜：

面：由点和线组成的画面称为面。

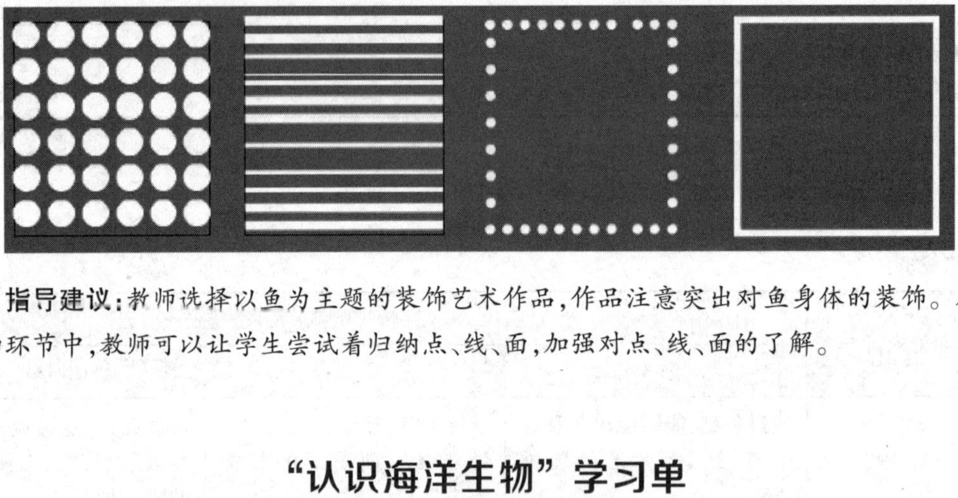

指导建议：教师选择以鱼为主题的装饰艺术作品，作品注意突出对鱼身体的装饰。在该活动环节中，教师可以让学生尝试着归纳点、线、面，加强对点、线、面的了解。

“认识海洋生物”学习单

[活动目标]

能够了解基本的点、线、面图形装饰方法；能够通过小组合作交流发挥想象力，给海洋鱼类添加有趣的花纹；学生在小组合作学习中，初步感知团结合作的重要性，初步培养团队合作的意识；学生在添画和涂色的过程中，养成细心和耐心的品质，对绘画产生兴趣。

[活动方案]

"认识海洋生物"小组活动方案表

小组名称：　　　　　　　　　　　　日期：

你认识图片中的海洋鱼吗？把你知道的鱼的名字写下来（种类）	
它身上的颜色有哪些？用水彩笔把颜色涂在格子中	
它的身上有什么样的花纹，把花纹画在格子中	
请把你所知道的海洋鱼画在右边	
你们如何分工？	

[评价与反思]

"认识海洋生物"个人总结与反思

姓名：　　　　　　　　　　　　日期：

我的表现	
我组选的海洋生物名称及其特点主要有：	
我组绘制海洋生物的步骤是：	

评价表

小组成员：　　　　　　　　　　　　　　　　　　　　　　　　　　总分：

评价项目	评价等级		
	一级(3分)	二级(2分)	三级(1分)
观　察	通过观察,能够说出3种以上点、线、面图形的装饰方法	通过观察,能够说出至少3种点、线、面图形的装饰方法	通过观察,能够说出3种以下点、线、面图形的装饰方法
动　手	能按照方案,发挥想象力,给海洋鱼类添加有趣的花纹	能按照方案,给海洋鱼类添加有趣的花纹	未能按照方案,顺利给海洋鱼类添加有趣的花纹
合　作	小组成员积极讨论、分工明确	小组成员中个别成员不愿与组内成员积极讨论,但能完成分配的任务	小组成员都不愿进行讨论,不能完成分配的任务

神奇的电子百拼

适用年段：小学　　建议时间：120 分钟

活动目标

观察生活、学习及工作中的用电情况，了解电的应用；认识电路图与电路符号，以及电子百拼中的电路元件及其作用；能搭建简单的声、光、电等功能电路。

活动准备

材料：教学课件、电子百拼箱（2 人一组，每组 1 箱）、操作平台（含供电电源等）及其他活动所需材料。

场地：电子百拼馆。

活动实施

1.情境导入：电的相关背景知识

（1）电的发明：摩擦起电、雷电、发电机发电。

①摩擦起电。

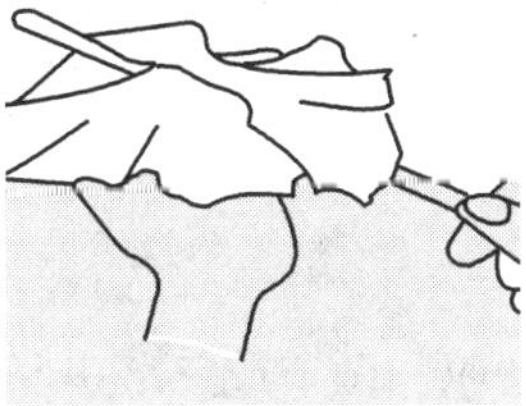

用丝绸与玻璃棒摩擦

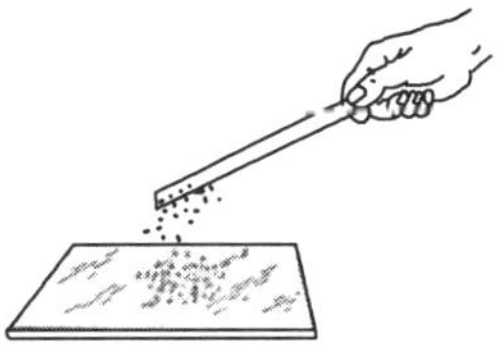

玻璃棒带电吸引轻小物体

引领：在生活中你还遇到哪些摩擦起电的现象呢？

②雷电。

问题：你知道闪电和雷鸣是如何产生的吗？

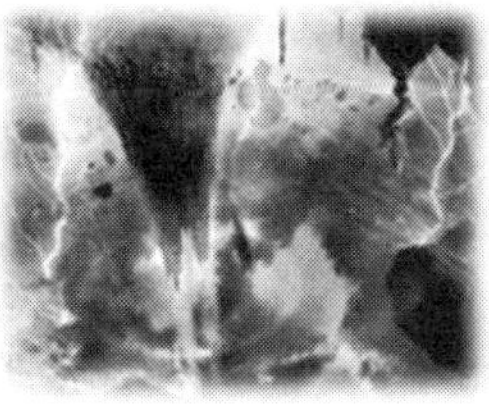

雷电现象

手摇发电机模型

③发电机发电。

问题：手摇发电机是如何发出电来的呢？

（2）生活中的用电主要来源：水力发电、火力发电、风能发电、太阳能发电等，其中大部分来源于水力发电，如三峡水力发电。

(3)人类照明的发展史:爱迪生发明电灯。

2.了解电路图及电路符号

(1)电路图。

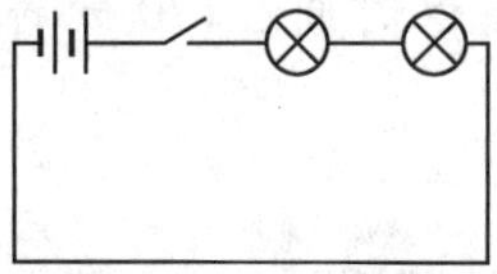

简单的串联电路

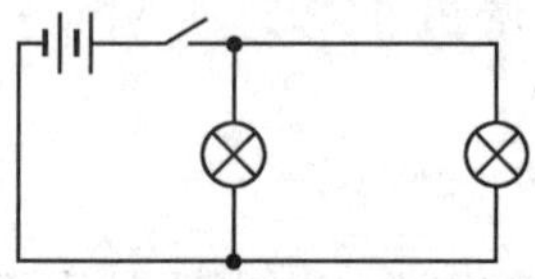

简单的并联电路

(2)电路符号及元件名称。

电源:电路供电,如干电池、蓄电池等。

用电器:消耗电能,转化为其他能量(声、光、机械能等),实现电路功能。

控制元件:完成电路中电流、电压及通断等功能的控制,如电阻、开关等。

连接导线:将电路中各元件连接起来,保障电流通过,如用铜、铁、铝等金属制成。

3.电子百拼中电路及其连接

(1)观察以下电路,你能指出其元件及连接方法吗?电路是如何工作的呢?

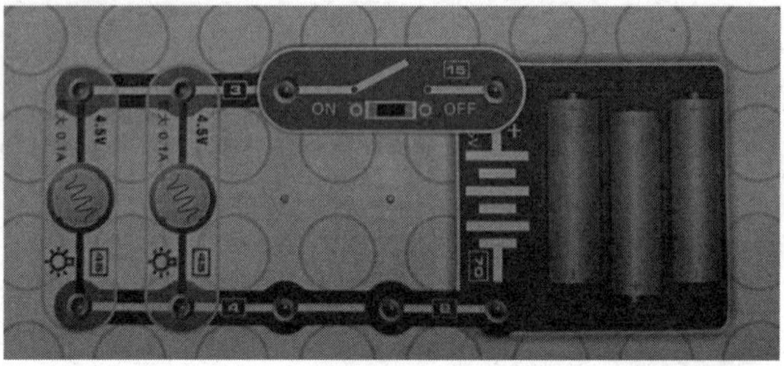

(2)电路元件及使用。

①干电池。

你知道一节干电池工负极的识别及连接方法吗?两节或三节串联起来呢?

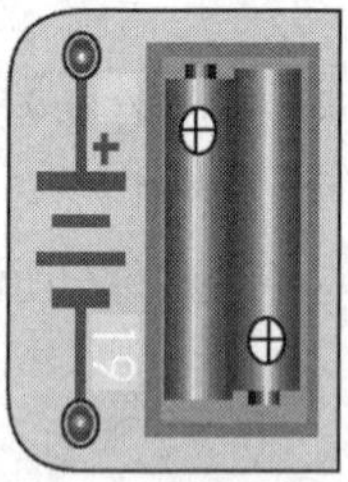

一节干电池金属凸起端为正极,另一平面端为负极;将干电池装入电池盒时,负极一般放在金属弹簧端,正极放在金属平起端(有的有"+""-"标志)。

两节或三节干电池串联起来,可把每节的电压加起来,增加电压。将干电池装入电池盒时,一般一节干电池的正极接另一节干电池的负极,在盒中串联后的干电池,第一节的负极接电路负极端,最后一节的正极接电路的正极端。

本实验操作平台,利用直流稳压电源供电,不必使用干电池。方法是:红色线夹子端夹电池盒的正极,蓝色线夹子端夹电池盒的负极,红蓝线的另一头分别插平台稳压输出的"+""-"极。使用时注意调节电压与电路电压相符。

②用电器。

小灯泡

发光管

你还能在电子百拼图例中找出哪些用电设备呢？

③控制元件。

电键

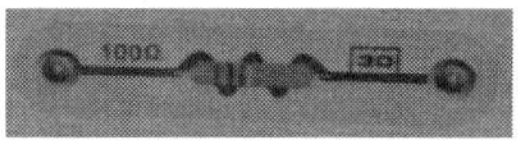

电阻

你还能在电子百拼图例中找出哪些控制元件呢？

④导线。

共有 1~7 个，中间的数字代表扣数，如：

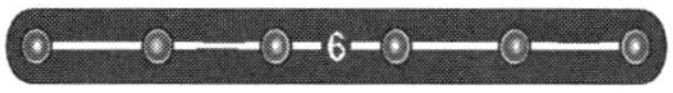

4.任务要求

(1)观看教师展示的一只开关控制两盏灯的电路连接，在电子百拼箱中找出元器件，小组完成电路的拼装。

(2)在提供的拼装教材中(声、光、电、新能源)选取难易程度相近的其他拼装电路，小组完成电路的拼装。

5. 讨论问题

6.制订方案

"神奇的电子白拼"小组活动方案表

小组成员：　　　　　　　　　　　　　　　　　　　　　　　　日期：

<table>
<tr><td>地　点</td><td></td><td>组　长</td><td></td></tr>
<tr><td colspan="4">任务 1：
任务 2：</td></tr>
<tr><td colspan="4">活动元器件清单：</td></tr>
</table>

续表

活动方法、步骤与注意事项： ①找电路并分析电路： ②找元件： ③拼装元件： ④检查电路并通电试验：
分工安排（找电路、找元件、拼装、试验总结等）：
电子拼装中的情况说明：
本拼装电路的效果（描述）：

7.任务实施

小组按照活动制订的方案，根据教材提供的电路，在电子百拼箱中拿出拼装板，找出本电路所需的元器件，完成两个以上电路任务的拼装工作。

指导建议：提醒学生注意以下事项：

(1)确定活动任务时，除了教师提供的拼装电路任务外，自己另外选择的电路要适合拼装及功能的完成。

(2)根据教材电路找寻元件时，要仔细核对，不能出差错。

(3)按照电路图，建议从电源正极出发到负极，依次搭建，不遗漏其中任何元件及导线。

(4)搭建完成后，要反复检查核对，无误后才能通电试验。

(5)通电前将电池盒的正负极正确连接到操作平台的稳压电源上，注意输出电压的一致。

(6)提醒学生用电安全：一是电路搭建中避免短路及电压过高的现象，以免损坏电路元件；二是注意安全用电，预防触电事故的发生。

活动总结

1.展示与交流

(1)每组按老师统一布置的电路，选择元件进行搭建，并通电试验，展示自己的拼装成果，总结成功与失败的原因。

(2)每组自行商讨另选难易程度相近的电路，了解电路的工作原理，明确电路选择元件，并找出元件进行搭建，通电试验，展示自己的拼装成果。

2.评价与反思

“神奇的电子百拼”个人总结与反思

姓名：　　　　　　　　　　　　　　　　　　　　　　　　日期：

我的表现：
对此我的理解是：
应注意的事项（要点）：

学生以小组为单位，按照评价表，对其他小组进行评价。

评价表

小组成员：　　　　　　　　　　　　　　　　　　　　　　总分：

评价项目	评价等级		
	一级（3分）	二级（2分）	三级（1分）
合　作	能认真讨论并制订活动方案，构思时共同献计献策，制作时通力协作	能讨论并制订活动方案，构思时有讨论，制作时有合作	讨论方案不积极，制作时，不愿配合
实　践	能按活动方案开展活动，搭建的电路整齐美观，电路一次性成功	能按活动方案开展活动，搭建的电路较美观，电路经整改能成功	未能按计划开展活动，搭建的电路不能成功
交　流	能展示本组的作品，能说明电路的工作原理，能积极分享构思、搭建经验	能展示本组的作品，说明电路结构特点，能交流制作经验	能说明活动开展情况，能说明搭建失败原因

“神奇的电子百拼”学习单

[活动目标]

观察生活、学习及工作中的用电情况，了解电的应用；认识电路图与电路符号，以及电子百拼中的电路元件及其作用；能搭建简单的声、光、电等功能电路。

[活动方案]

“神奇的电子百拼”小组活动方案表

小组成员： 日期：

<table>
<tr><td>地　点</td><td></td><td>组　长</td><td></td></tr>
<tr><td colspan="4">任务 1：
任务 2：</td></tr>
<tr><td colspan="4">活动元器件清单：</td></tr>
<tr><td colspan="4">活动方法、步骤与注意事项：
①找电路并分析电路：
②找元件：
③拼装元件：
④检查电路并通电试验：</td></tr>
<tr><td colspan="4">分工安排（找电路、找元件、拼装、试验总结等）：</td></tr>
<tr><td colspan="4">电子拼装中的情况说明：</td></tr>
<tr><td colspan="4">本拼装电路的效果（描述）：</td></tr>
</table>

[评价与反思]

“神奇的电子百拼”个人总结与反思

姓名： 日期：

我的表现：
对此我的理解是：
应注意的事项（要点）：

评价表

小组成员：　　　　　　　　　　　　　　　　　　　　　　　　　　　总分：

<table>
<tr><th rowspan="2">评价项目</th><th colspan="3">评价等级</th></tr>
<tr><th>一级(3分)</th><th>二级(2分)</th><th>三级(1分)</th></tr>
<tr><td>合　作</td><td>能认真讨论并制订活动方案,构思时共同献计献策,制作时通力协作</td><td>能讨论并制订活动方案,构思时有讨论,制作时有合作</td><td>讨论方案不积极,制作时,不愿配合</td></tr>
<tr><td>实　践</td><td>能按活动方案开展活动,搭建的电路整齐美观,电路一次性成功</td><td>能按活动方案开展活动,搭建的电路较美观,电路经整改能成功</td><td>未能按计划开展活动,搭建的电路不能成功</td></tr>
<tr><td>交　流</td><td>能展示本组的作品,能说明电路的工作原理,能积极分享构思、搭建经验</td><td>能展示本组的作品,说明电路结构特点,能交流制作经验</td><td>能说明活动开展情况,能说明搭建失败原因</td></tr>
</table>

升降桥

适用年段：小学　　建议时间：120 分钟

活动目标

通过观察，了解升降桥的特点，知道升降桥相较于其他桥梁的优势；分析升降桥的结构，理解升降桥升降的工作原理；动手制作一座升降桥，了解滑轮等在升降桥中的应用。

活动准备

材料：专用胶、锤子、角模板、小钢锯、小圆锉、打孔器、台钳、手摇钻、剥线钳、豪华工具板，导入图片、视频及其他活动所需材料。

场地：科技制作室。

活动实施

1.情境导入

教师展示伦敦桥等其他升降桥图片，让学生说说升降桥的结构特点，升降桥与其他常见的桥梁在构造上有什么区别，这种建造结构有什么好处，回忆在日常生活中是否见过类似的桥梁。

2.思考与交流

教师播放奥克兰港区的升降桥工作全过程视频，让学生总结升降桥的工作过程，分析升降桥的工作原理。

让学生思考升降桥桥身上升与下降过程中哪些部分活动了？哪些部分没有活动？桥身运动的支点在哪里？

3.任务要求

在王村有一座小桥，桥身高出河面仅 5 米，当河中有高度超过 5 米的船只通过时，村民就要合力把桥身拉起来以便船只通过，船只通过后村民再把桥身放下以便其他村民过桥。如果你是该村的村民，你能和其他村民一起设计、制造一座升降桥吗？

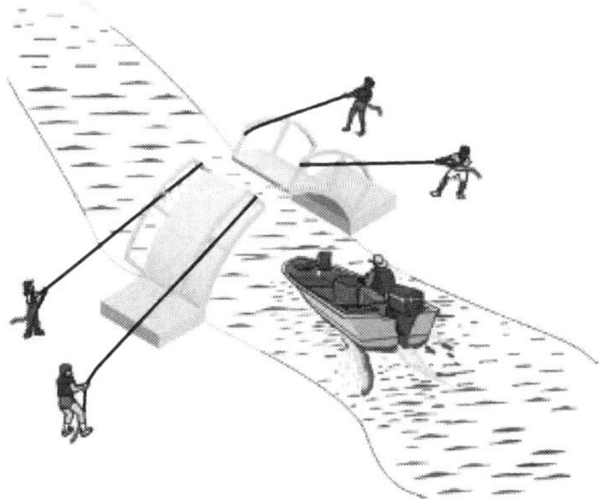

任务：设计、制作一座升降桥。

要求：(1)小组合作，在规定时间内完成升降桥的制作；(2)能够分析、解释作品中运用到的原理。

4.知识预备

(1)构造与原理探究。

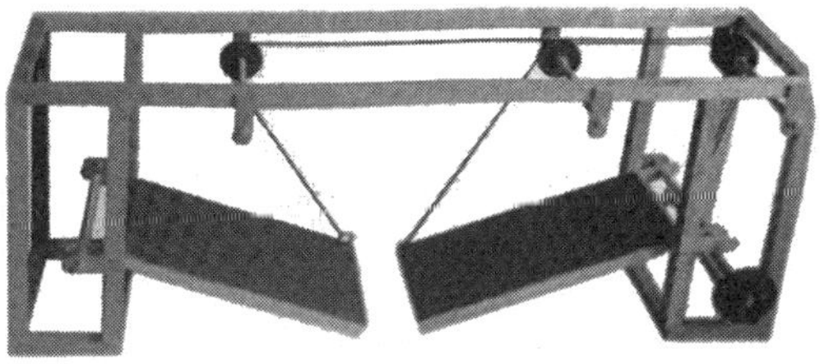

升降桥是一种桥板可活动升降的特殊结构桥梁。TTS 升降桥模型由双层桥架、活动桥板和升降装置组成。当摇动曲柄时，绳索通过滑轮升降装置将底层的活动桥板升起或合拢。

(2)制作要领探究。

①“Π”形桥架制作要领。

用方木条制作一个长方形桥顶框；用方木条制作两个与桥顶框宽度 致的小方框；锯截 8 根长度一致的方木条；分别将两个小方框与桥顶顶框接成“Π”形桥架。

②升降桥板制作要领。

用方木条制作两个大小适宜(两个长方框的长度加起来等于桥架底部内侧长度，宽度略窄于桥架宽度)的长方框；在两个长方框的一端分别连接两个打孔的三角纸片，并将圆木条与桥架内侧装成活动连接。

5.制订方案

“升降桥”小组活动方案表

姓名：　　　　　　　　　　　　　　　　　　　　　　　　　　　　　日期：

项目任务：
所需材料：
作品简介（名称、功能、特点、设计理念等）：
外观草图（含主要部件、构成方式等）：
活动策略（分工安排，制作方法、步骤等）：
问题和困难：

6.任务实施

（1）设计草图：学生以小组为单位，根据活动任务与讨论结果，画出升降桥的设计草图。

（2）动手制作：根据教师提供的模型图纸，利用材料制作升降桥，也可结合设计草图，增减材料，自主制作。

指导建议：教师讲解小工具的使用方法和注意事项，特别强调使用安全。

活动总结

1.展示与交流

各组展示本组的制作作品，测试本组制作的升降桥能否顺利打开与合拢，同时分析其中的原理。小组讨论：能否根据铁索桥设计一座其他造型的吊桥。

2.评价与反思

学生以小组为单位，按照评价表，对其他小组进行评价。

评价表

小组成员：　　　　　　　　　　　　　　　　　　　　　　　　总分：

评价项目	评价等级		
	一级(3分)	二级(2分)	三级(1分)
制　作	制作的升降桥可以完成升降动作，且活动自如，装置稳固	制作的升降桥偶尔可以完成升降动作	装置能动，但结构不稳固
创　意	完成的作品符合升降桥的结构特点，并有小组独特的设计	完成的作品符合桥梁的一般构造特点	完成的作品外形与桥梁结构不符
原　理	能边演示边说明活动完成情况，对作品中运用到的滑轮、杠杆原理进行解释	演示作品时能够讲解作品的特点，能够提及滑轮、杠杆原理	能说明活动完成情况，不能对作品中运用到的滑轮、杠杆原理进行解释

“升降桥”学习单

[活动目标]

通过观察，了解升降桥的特点，知道升降桥相较于其他桥梁的优势；分析升降桥的结构，理解升降桥升降的工作原理；动手制作一座升降桥，了解杠杆原理在升降桥中的应用。

[活动方案]

“升降桥”小组活动方案表

姓名：　　　　　　　　　　　　　　　　　　　　　　　　　　日期：

项目任务：
所需材料：

续表

作品简介(名称、功能、特点、设计理念等):
外观草图(含主要部件、构成方式等):
活动策略(分工安排,制作方法、步骤等):
问题和困难:

[评价与反思]

评价表

小组成员: 总分:

评价项目	评价等级		
	一级(3分)	二级(2分)	三级(1分)
制　作	制作的升降桥可以完成升降动作,且活动自如,装置稳固	制作的升降桥偶尔可以完成升降动作	装置能动,但结构不稳固
创　意	完成的作品符合升降桥的结构特点,并有小组独特的设计	完成的作品符合桥梁的一般构造特点	完成的作品外形与桥梁结构不符
原　理	能边演示边说明活动完成情况,对作品中运用到的滑轮、杠杆原理进行解释	演示作品时能够讲解作品的特点,能够提及滑轮、杠杆原理	能说明活动完成情况,不能对作品中运用到的滑轮、杠杆原理进行解释

算筹对决赛

适用年段：小学　　建议时间：60 分钟

活动目标

了解算筹的外形特点，学习算筹的计数方式，总结算筹计数的规律；比较算筹与 KEVA，总结两者的共同点，用 KEVA 学习算筹计数的方法；结合数位以及数的人小比较等数学知识，开发智力，感受算筹的魅力。

活动准备

材料：教学课件、KEVA 木条及其他活动所需材料。

场地：科普教育馆。

活动实施

1.情境导入

教师播放《古人计数方法》视频，引导学生回顾视频内容，结合已有知识，归纳古代的计数方法有哪些，各种计数方法有何特点，比较各种计数方法，分析其优劣。观察算筹计数法的图片，进行重点了解。

手指

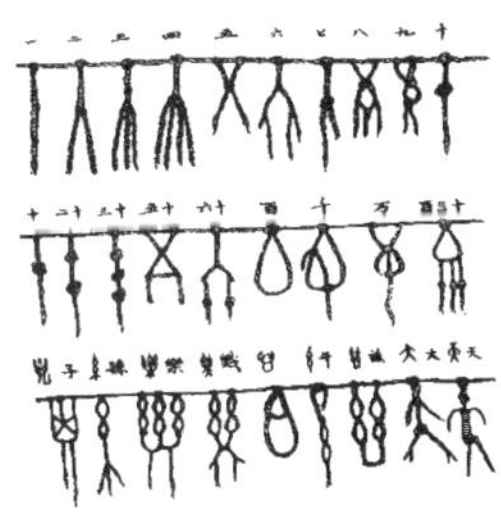

结绳记事

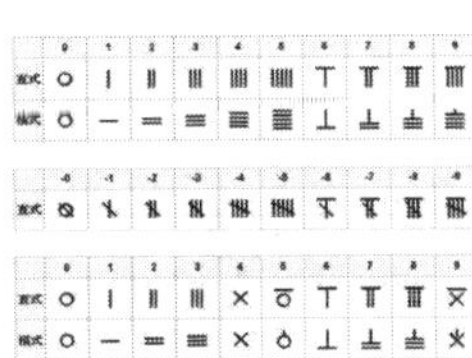

算筹

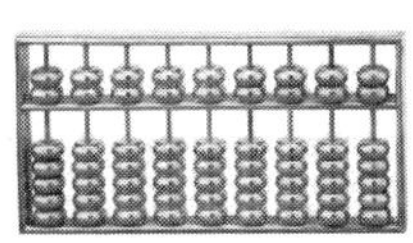

算盘

2.观察学习

(1)学生比较算筹与 KEVA 的特点，找出其共同点。(例如，算筹小棒与 KEVA 木片在外观上都是同样长短和同样粗细)

(2)观察算筹计数表，学习 1~9 的算筹计数方法。观察思考为什么每个数字对应两种不同的摆放方式？两种摆放方式有何区别？发现算筹计数横式与纵式的摆放规律。

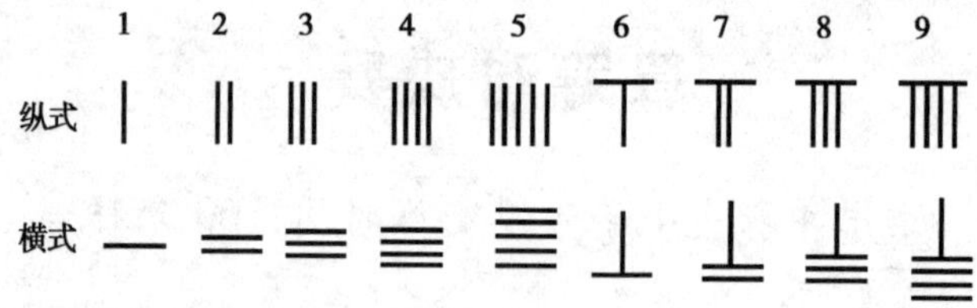

（3）观察下表，根据表格范例（10862、1345、6728、6708），总结如何用算筹计数法表示“0”？如何用算筹计数法表示两位数、三位数、多位数？教师引导学生重点观察数位与摆放方向（纵式、横式）之间的关系，总结多位数算筹计数规律。

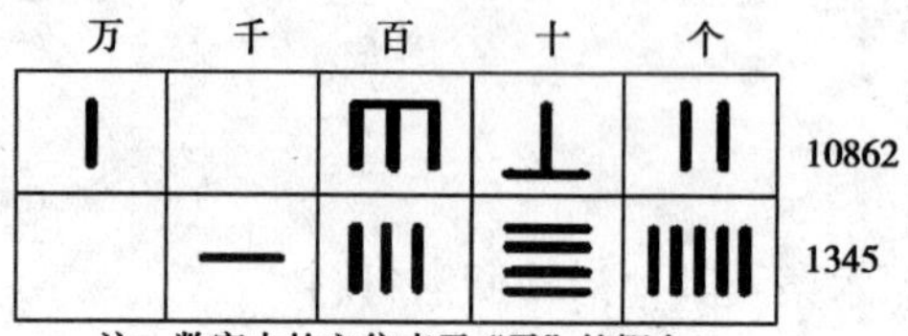

注：数字中的空位表示“零”的概念。

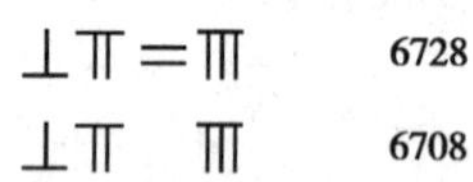

指导建议：教师可在学生总结困难时提示以下算筹计数的方法——个位用纵式、十位用横式、百位再用纵式、千位再用横式、万位再用纵式，这样从右到左，纵横相间，以此类推，就可以用算筹表示出任意自然数了。

3.练习挑战

学生根据总结的算筹计数规律，练习摆放不同的数字，熟悉算筹的计数方式。教师可提供几组数字让学生练习，例如：6，15，399，2748，36874…

4.算筹对决

教师出示游戏规则，让学生选出裁判若干名，根据规则有序进行比赛。

游戏规则：

（1）比赛是小组对抗赛，根据人数将小组分为偶数组（按全班人数平均分成两组、四组或者六组），每组人数一致，两组两组地对决。

（2）比赛一共分为两轮，第一轮：我最大。第二轮：谁更大？规则如下：

第一轮：

参赛人数	每组 6 人参赛
KEVA 数量	教师一次提供一定片数的 KEVA 木片（15 片、18 片、20 片等）
赛　制	①小组代表轮流参赛，车轮战，两两对决，一共摆放 6 个数字。 ②10 秒内，小组代表根据算筹计数方式摆放出自己认为最大的数字，10 秒结束。摆放数字较大的小组获胜，获胜小组积 1 分。 ③摆放的数字中不能出现零，避免出现无法判断数字大小的情况

第二轮：

参赛人数	每组 4 人参赛（其他组员可出谋划策参与游戏）
赛　制	①教师提供一个数字（例如 6728，提供的数字中不要出现零），各组分别用算筹计数方法摆放出来。 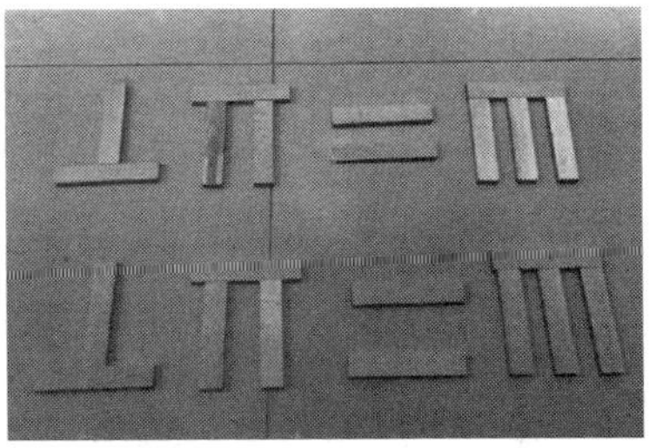 ②游戏开始，小组学生每次只能移动一根 KEVA 木条的位置，要求移动木条后，本组的数字比对手的数字大。 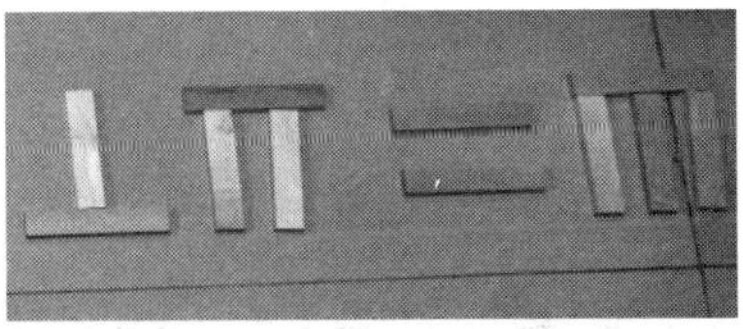 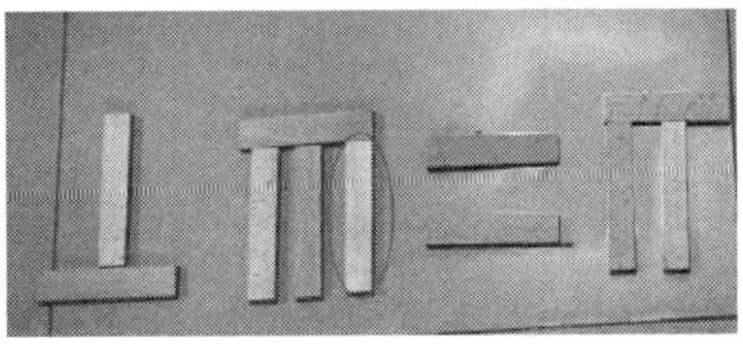 ③经过若干次移动后，数字较大的小组获胜，获胜小组积 1 分。 ④第一次移动不能将个位数字移至最高数位（例如，6728→7727） 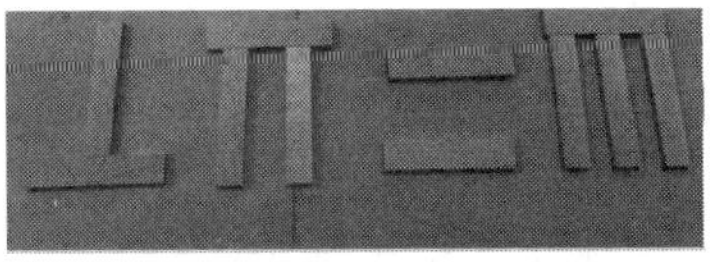 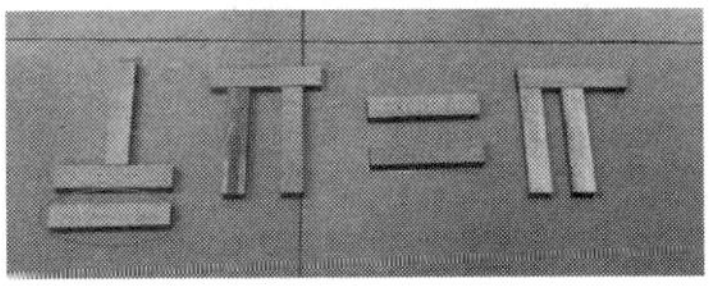

（3）两轮游戏结束后，积分最多的小组为第一名，以此类推，教师选出前三名的小组，进行适当的奖励。

指导建议：比赛过程中，教师注意维护活动秩序，保证比赛公平、公正。

活动总结

1.展示与交流

各小组分享比赛感受，优胜组分享比赛成功的经验，其他小组总结比赛失败的原因。通过用 KEVA 学习算筹计数的方法，结合活动感受总结算筹计数法对多位数计数法的优点与缺点，思考算筹计数法被逐渐替代的原因。

2.评价与反思

学生以小组为单位，按照评价表，对其他小组进行评价。

评价表

小组成员：　　　　　　　　　　　　　　　　　　　　　　　　　　总分：

评价项目	评价等级		
	一级（3分）	二级（2分）	三级（1分）
观　察	通过观察图片和视频，比较算筹与KEVA自身的特点，能够总结出两者的共同点；观察示例，能够总结多位数算筹计数规律	通过观察，能够总结出算筹与KEVA的共同点；观察示例，能够总结算筹摆放的特点	通过观察，能够总结出算筹与KEVA的部分共同点
摆　放	熟悉算筹的计数方法，能够利用KEVA熟练呈现出多位数的算筹计数法；在小组对决赛中，能够快速摆放出符合要求的结果	掌握算筹的计数方法，能够用KEVA呈现出多位数的算筹计数法；在小组对决赛中，能够摆放出符合要求的结果	掌握算筹的计数方法，但不熟练，偶尔摆放错误

拓　展

学习算筹运算的方法，对照知识链接，利用KEVA尝试简单的算筹运算，也可从数学方面思考算盘与算筹之间的关系。

知识链接

1.算筹

算筹是一种计数法，这种计数法遵循100进位制，以纵横两种排列方式来表示单位数目的。根据史书的记载和考古材料的发现，古代的算筹实际上是一根根同样长短和粗细的小棍子，一般长为13~14厘米，直径为0.2~0.3厘米，多用竹子制成，也有用木头、兽骨、金属等材料制成的，二百七十几枚为一束，放在一个布袋里，系在腰部随身携带。需要计数和计算的时候，就把它们取出来，放在桌上、炕上或地上摆弄。别看这些一根根不起眼的小棍子，在中国数学史上却是立有大功的。算筹的发明也经历了一个漫长的历史发展过程。

2.算筹运算

用算筹运算有一套规则和口诀。古人不但可以用它做加、减、乘、除四则运算，还可以乘方、开方，连多元高次方程这样高深的数学难题都可以解出来，不可不谓之神奇。

(1)算筹加法运算。

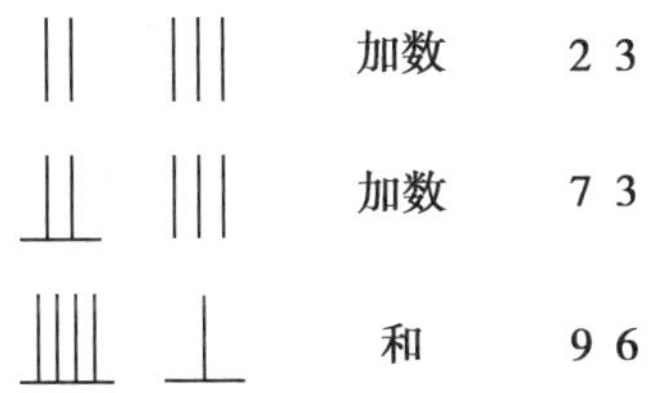

(2)算筹减法运算。(自上而下减,答数在左方)

1470000-68467=1401533表示为

(3)算筹乘法(除法)运算:古人乘法(除法)皆为从左至右算,乘数在上,被乘数在下,积放在中间。古人计算用“筹”不用笔,算筹可以任意改变形态,所以左至右算根本不麻烦。如算 49 乘 36 的步骤,结果是 1764。

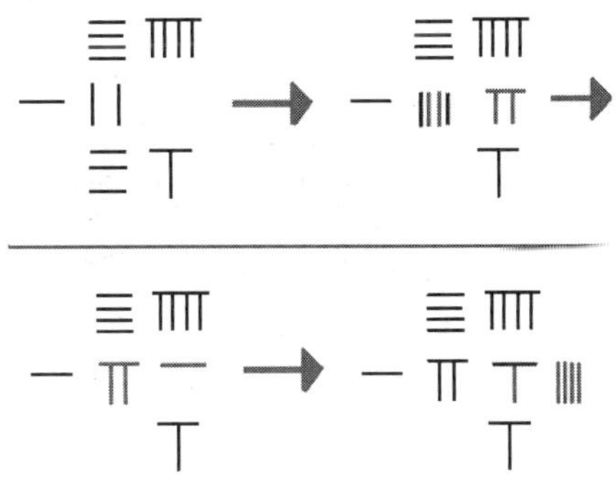

“算筹对决赛”学习单

[活动目标]

了解算筹的外形特点,学习算筹的计数方式,总结算筹计数的规律;比较算筹与 KEVA,总结两者的共同点,用 KEVA 学习算筹计数的方法;结合数位以及数的大小比较等数学知识,开发智力,感受算筹的魅力。

[游戏规则]

(1)比赛是小组对抗赛,根据人数将小组分为偶数组,每组人数一致,两组两组地对决。

(2)比赛一共分为两轮,第一轮:我最大。第二轮:谁更大?

(3)两轮游戏结束后,积分最多的小组为第一名,以此类推,教师选出前三名的小组,进行适当的奖励。

第一轮：

参赛人数	每组 6 人参赛
KEVA 数量	教师一次提供一定片数的 KEVA 木片(15 片、18 片、20 片等)
赛　制	①小组代表轮流参赛，车轮战，两两对决，一共摆放 6 个数字。 ②10 秒内，小组代表根据算筹计数方式摆放出自己认为最大的数字，10 秒结束，摆放数字较大的小组获胜，获胜小组积 1 分。 ③摆放的数字中不能出现零，避免出现无法判断数字大小的情况。

第二轮：

参赛人数	每组 4 人参赛(其他组员可出谋划策参与游戏)
赛　制	①教师提供一个数字(例如 6728，提供的数字中不要出现零)，各组分别用算筹计数方法摆放出来。 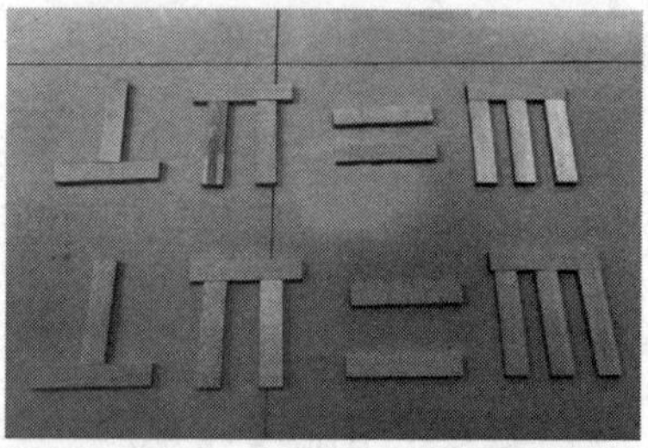 ②游戏开始，小组学生每次只能移动一根 KEVA 木条的位置，要求移动木条后，本组的数字比对手的数字大。 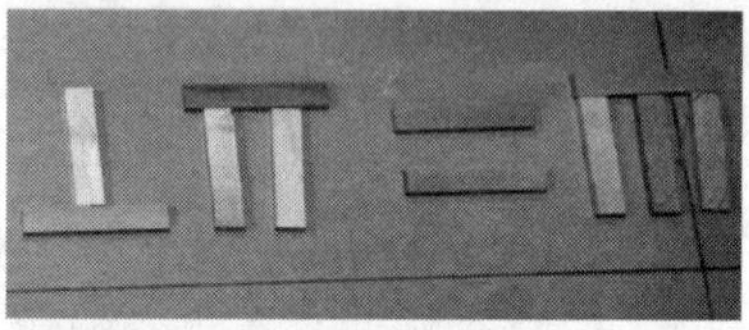 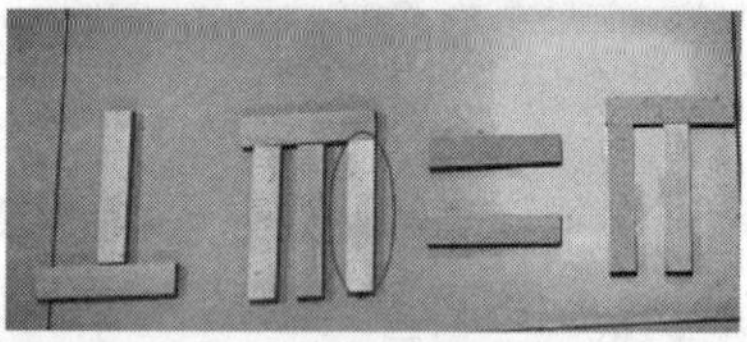 ③经过若干次移动后，数字较大的小组获胜，获胜小组积 1 分。 ④第一次移动不能将个位数字移至最高数位(例如，6728→7727)。  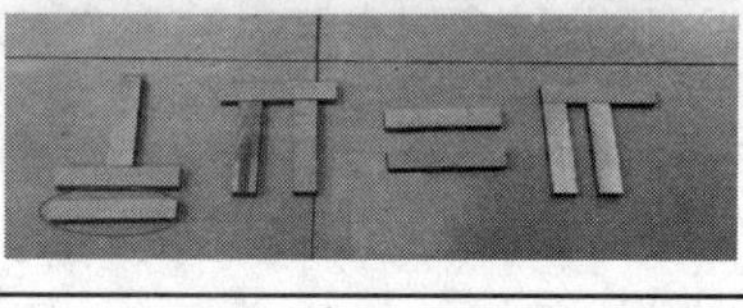

[评价与反思]

评价表

小组成员：　　　　　　　　　　　　　　　　　　　　　　　　总分：

评价项目	评价等级		
	一级(3分)	二级(2分)	三级(1分)
观　察	通过观察图片和视频，比较算筹与 KEVA 自身的特点，能够总结出两者的共同点；观察示例，能够总结多位数算筹计数规律	通过观察，能够总结出算筹与 KEVA 的共同点；观察示例，能够总结算筹摆放的特点	通过观察，能够总结出算筹与 KEVA 的部分共同点
摆　放	熟悉算筹的计数方法，能够利用 KEVA 熟练呈现出多位数的算筹计数法；在小组对决赛中，能够快速摆放出符合要求的结果	掌握算筹的计数方法，能够用 KEVA 呈现出多位数的算筹计数法；在小组对决赛中，能够摆放出符合要求的结果	掌握算筹的计数方法，但不熟练，偶尔摆放错误

星座图探究

适用年段：小学　　建议时间：120 分钟

活动目标

熟悉十二星座图，辨识不同星座图对应的星座；了解星座图与二十四节气的关系，探究其所蕴含的意义且能够标注出位置关系图；策划和组织星座知识抢答活动，激发学生对天文学的热爱之情。

活动准备

材料：十二星座图、教学辅助图片或视频、书籍、计算机（联网）、笔记本、笔及其他活动所需材料。

场地：联合馆（天文馆）。

活动实施

1.情境导入

教师播放有关星座的音乐或视频，出示十二星座的图片和符号，让学生识别对应的星座名称。

星座名称	星座符号	星座图	星座名称	星座符号	星座图
白羊座（第一宫）	♈	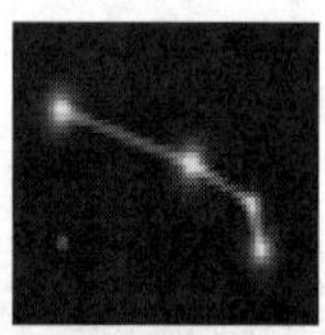	金牛座（第二宫）	♉	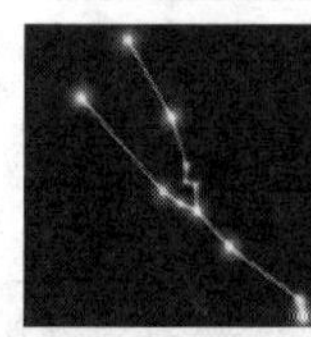
双子座（第三宫）	♊	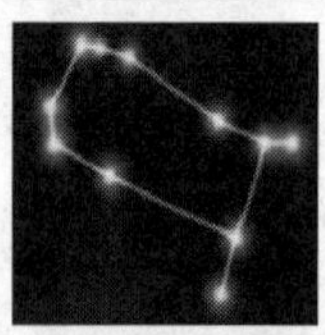	巨蟹座（第四宫）	♋	
狮子座（第五宫）	♌		处女座（第六宫）	♍	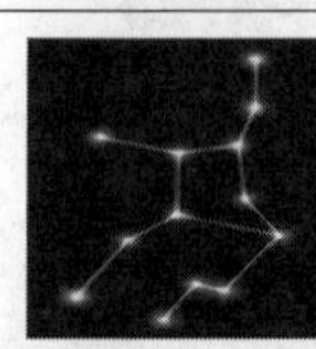
天秤座（第七宫）	♎	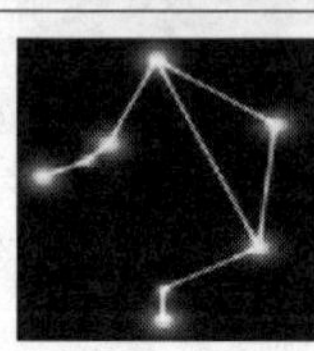	天蝎座（第八宫）	♏	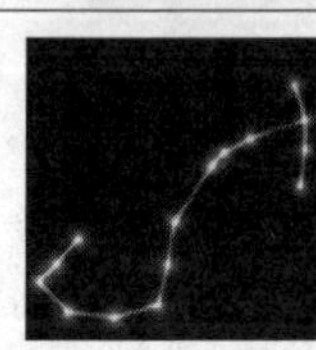

续表

星座名称	星座符号	星座图	星座名称	星座符号	星座图
射手座 （第九宫）		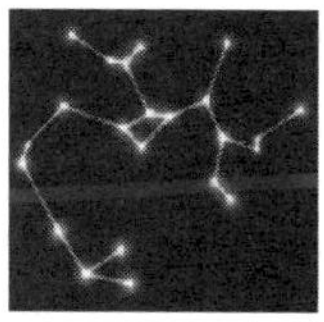	摩羯座 （第十宫）		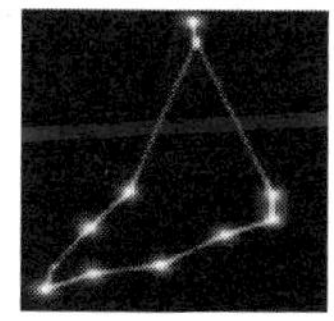
水瓶座 （第十一宫）			双鱼座 （第十二宫）		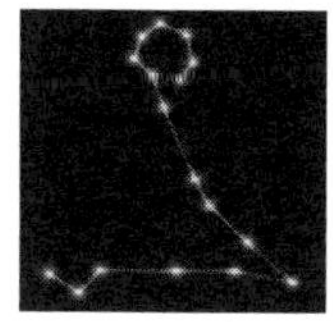

指导建议：教师出示十二星座的符号和星座图列表让学生识别并填写；也可以将这些符号和星座图做成卡片的形式展示出来，让学生辨别；还可以让学生自己试着画出星座图。

2.探究星座图与二十四节气的关系

十二星座即黄道十二宫，是占星学描述太阳在天球上经过黄道的十二个区域；二十四节气是中国古代订立的一种用来指导农事的补充历法，是根据太阳在黄道（即地球绕太阳公转的轨道）上的位置来划分的，两者都与黄道有关。教师结合音频文件介绍三球仪的功能及使用方法，引导学生共同探究十二星座与二十四节气的关系，并根据探究内容画出位置关系图。

（1）三球仪。

 三球仪	**功能**：三球仪又称月地运行仪，是一种天文教学和天文普及仪器，可以演示日食和月食、月球的盈亏、地球的自转和公转、昼夜和四季的交替等现象以及十二星座与二十四节气的关系。 **使用方法**：用手连续推动托板，地球绕太阳公转，月球绕地球旋转，可以看到月圆和月缺，当地球运行到太阳与月球之间时，则形成月食；当月球运行到太阳与地球之间时，则形成日食。使用时，用力要轻，按逆时针方向转动。

（2）十二星座与二十四节气的对应关系。

观察三球仪中十二星座与二十四节气的关系图，完成下表。

星　座	二十四节气	对应时间	星　座	二十四节气	对应时间
白羊座	春　分	3月20—22日	天秤座	秋　分	9月22—24日
	清　明	4月4—6日		寒　露	10月8—9日
金牛座	谷　雨	4月19—21日	天蝎座	霜　降	10月23—24日
	立　夏	5月5—7日		立　冬	11月7—8日
双子座	小　满	5月20—22日	射手座	小　雪	11月22—23日
	芒　种	6月5—7日		大　雪	12月6—8日
巨蟹座	夏　至	6月21—22日	摩羯座	冬　至	12月21—23日
	小　暑	7月6—8日		小　寒	1月5—7日
狮子座	大　暑	7月22—24日	水瓶座	大　寒	1月20—21日
	立　秋	8月7—9日		立　春	2月3—5日
处女座	处　暑	8月22—24日	双鱼座	雨　水	2月18—20日
	白　露	9月7—9日		惊　蛰	3月5—7日

(3)绘制十二星座与二十四节气的对应位置关系图。

指导建议:教师指导学生根据上面的对应关系表,并结合三球仪上显示的关系动手绘制关系图,出示图1和图2以供参考,其中图1为十二星座在黄道上的位置图,图2为二十四节气在黄道上的位置图。学生绘制完毕后可以对照图3和图4来检查自己绘制的图是否精准,也可以发挥想象绘制有创意的关系图,不一定千篇一律,例如图3中的星座图可以换成图1中的星座图来绘制。

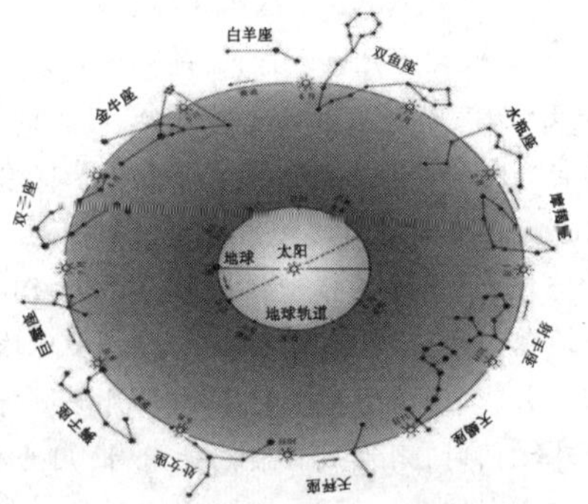

图1　十二星座在黄道上的位置图

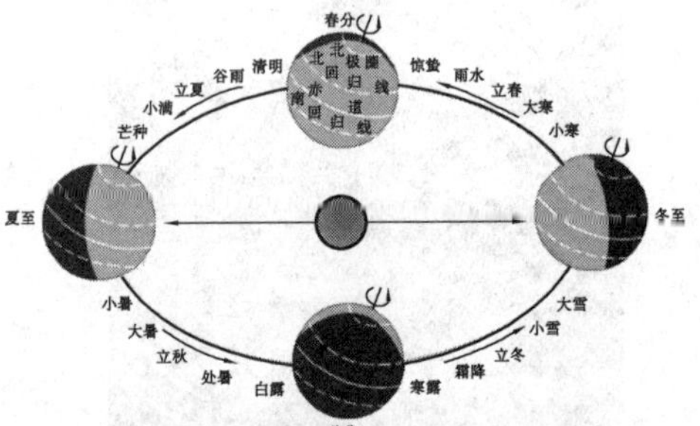

图2　二十四节气在黄道上的位置图

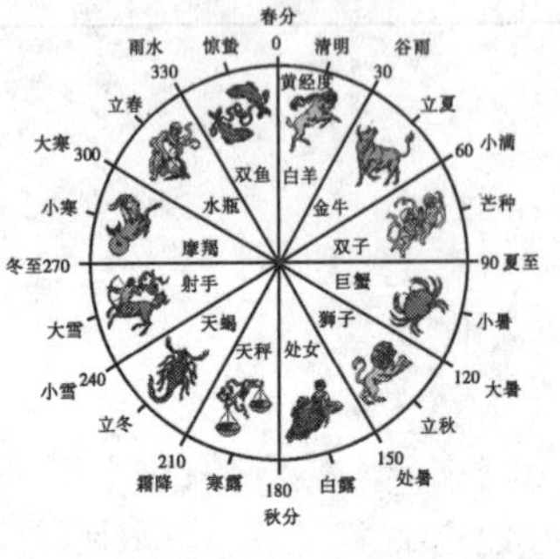

图3　星座与二十四节气位置关系图

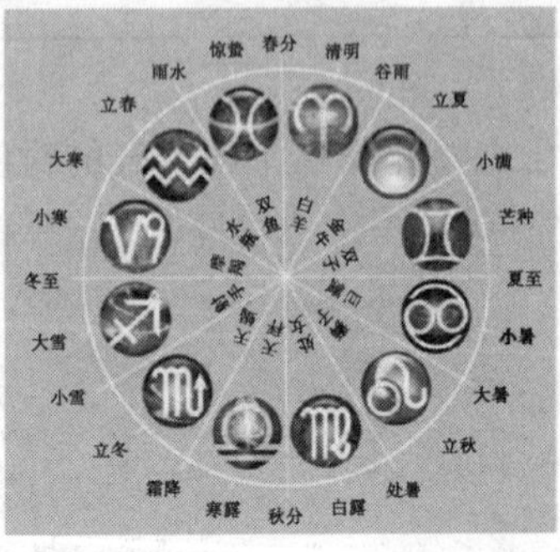

图4　星座与二十四节气位置关系图

(4)星座的意义。

结合上面的星座符号、星座图,以及星座与二十四节气的联系和位置关系图,联系生活实际和经历,探讨星座的意义。教师可以引导学生联系文学创作、神话故事、电影、电视剧等来探究。

意义:

①星座几乎是所有文明中确定天空方位的手段,在航海领域应用颇广。

②将丰富的想象力和创造力串联起来,使星群人性具象化;再加入神话的色彩,成为文化(主要指希腊和罗马神话)的重要部分。

③很多文学、电影、电视剧、音乐、绘画、建筑等都与星座联系起来,催生和推动着文学、影视、音乐、绘画、建筑等行业的蓬勃发展。

④人们常常将人生命运与星座物语等相结合,无形中指导人的行为方式及人生轨迹。

3.布置任务

任务:组织策划星座知识抢答活动。

要求:(1)以小组为单位合作自主设计星座知识抢答的题目、规则及注意事项;(2)抢答题目应包含识别星座符号和星座图,星座图与二十四节气的关系、星座的意义等内容,也可穿插与星座有关的文学、影视、音乐、绘画、建筑等知识;(3)要有具体的活动方案;(4)策划好活动方案后在全班展示。

4.制订方案

小组合作策划星座知识抢答活动。内部讨论、交流,提出问题和困难,制订出具体的活动方案。

指导建议:学生在讨论制订方案时,教师需巡视查看,对设计困难的小组给予适当引导,可以指导学生在知识抢答的活动中设置尽可能丰富的题目,如可以融入星座物语、神话故事、星座工艺品等内容。

"星座图探究"小组活动方案表

小组名称: 日期:

任　务		组　长	
所需工具与材料:			
活动策略(抢答环节、规则、奖项设置等):			

续表

知识抢答题目：
分工安排（活动主持、题目收集与设置、活动规则与奖项的设定、汇报等）：
问题和困难：

5.任务实施

学生以小组为单位进行分工与合作，按照小组制订的活动方案在全班范围内组织活动。

指导建议：教师可巡视各小组活动方案的操作，在时间的掌控、活动组织形式等方面给出合理的建议；对学生在合作与制作中遇到的问题和困难进行指导。

活动总结

1.展示与交流

学生以小组为单位，由本组推荐的汇报人来介绍本组的活动方案，遇到的问题，得到的收获等；并在全班内按照活动方案中的规则和分工来组织活动。

指导建议：学生在教师的引导下，在全班范围内组织活动。教师就组织活动中出现的一些困难和问题进行指导，并引导学生评出哪个组策划和组织的活动好？为什么？你受到了什么启发等。

2.评价与反思

学生以小组为单位，按照评价表，对其他小组进行评价。

评价表

小组成员：　　　　　　　　　　　　　　　　　　　　　　　　总分：

评价项目	评价等级		
	一级(3分)	二级(2分)	三级(1分)
策　划	能策划出完整的活动方案；活动形式新颖，环节、规则、题目、奖项设置合理	能策划出较为完整的活动方案；活动形式新颖，环节、规则、题目、奖项设置完整	策划的活动方案不够完整；活动形式、环节、题目、奖项设置不够完备，规则不太合理
合　作	有明确的分工；小组每个成员讨论积极，参与度高，都能发挥自己的作用	分工较为明确；有个别成员讨论不积极，参与度不高	分工不是很明确；小组内大部分成员讨论不积极，参与度不高，不能充分发挥每个人的作用
组　织	能顺利地组织小组活动方案的实施；组织活动时能够调动其他组成员的积极性，且有创意	较为顺利地组织小组活动方案的实施；组织活动时能够调动其他组部分成员的积极性	不能顺利地组织小组活动方案的实施；组织活动时无法调动其他组成员的积极性

“星座图探究”学习单

[活动目标]

熟悉十二星座图，辨识不同星座图对应的星座；了解星座图与二十四节气的关系，探究其所蕴含的意义且能够标注出位置关系图；策划和组织星座知识抢答活动，激发学生对天文学的热爱之情。

[活动方案]

“星座图探究”小组活动方案表

小组名称：　　　　　　　　　　　　　　　　　　　　　　　　日期：

任　务		组　长	
所需工具与材料：			
活动策略(抢答环节、规则、奖项设置等)：			

续表

知识抢答题目：
分工安排(活动主持、题目收集与设置、活动规则与奖项的设定、汇报等)：
问题和困难：

[评价与反思]

"星座图探究"个人总结与反思

姓名：　　　　　　　　　　　　日期：

我的表现：
我的不足：
本次活动中我的收获：

评价表

小组成员：　　　　　　　　　　　　总分：

评价项目	评价等级		
	一级(3分)	二级(2分)	三级(1分)
策　划	能策划出完整的活动方案；活动形式新颖，环节、规则、题目、奖项设置合理	能策划出较为完整的活动方案；活动形式新颖，环节、规则、题目、奖项设置完整	策划的活动方案不够完整；活动形式、环节、题目、奖项设置不够完备，规则不太合理

续表

评价项目	评价等级		
	一级(3分)	二级(2分)	三级(1分)
合　作	有明确的分工;小组每个成员讨论积极,参与度高,都能发挥自己的作用	分工较为明确;有个别成员讨论不积极,参与度不高	分工不是很明确;小组内大部分成员讨论不积极,参与度不高,不能充分发挥每个人的作用
组　织	能顺利地组织小组活动方案的实施;组织活动时能够调动其他组成员的积极性,且有创意	较为顺利地组织小组活动方案的实施;组织活动时能够调动其他组部分成员的积极性	不能顺利地组织小组活动方案的实施;组织活动时无法调动其他组成员的积极性

制作生态浮床

适用年段：小学　　建议时间：120 分钟

活动目标

熟悉生态浮床及其组成结构，知道生态浮床经济实用、治污效果明显等优点，利用身边的简易材料及工具制作植物生态浮床，将“关注环保、倡导环保”落实到具体行动中。

活动准备

材料：足量的 500 毫升和 2 升以上塑料瓶，锥子、剪刀、尼龙绳、笔、纸、创可贴及其他活动所需材料，导入视频或图片。

场地：节能环保馆。

指导建议：小塑料瓶用于提供浮力，大塑料瓶作植物容器。建议教师提前一个月做一个简易的生态浮床，放在清洁河水中一周适应培养之后，转移到污水中培养，活动时给学生展示。

活动实施

1.热身

经过河道边，我们可能会发现河面上长了许多本应该长在陆地上的花卉，如美人蕉、唐菖蒲等。这些植物怎么能浮在水面上？除了观赏还有什么作用呢？原来这是目前治理水污染常用的方法——生态浮床法。

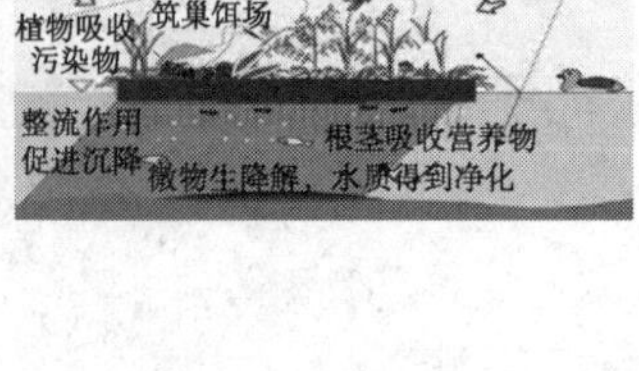

2.任务要求

任务：制作一套生态浮床并验证。

要求：(1)在规定时间内，小组合作完成任务。(2)小组讨论并制订小组活动方案，活动中注意工具的安全使用，做好的简易生态浮床的浮力瓶和种植瓶能牢固地连在一起，简易生态浮床能漂浮在水面上。

3.讨论问题

制作生态浮床涉及简单材料及工具的使用，在动手制作中，想办法解决具体问题，如怎样把浮力瓶与种植瓶牢固连接，如何让植物叶子露出水面等。学生可围绕类似问题预先展开讨论。

4.制订方案

“制作生态浮床”小组活动方案表

小组名称： 日期：

规定任务：
我们还关注：
所需工具、材料：
活动策略（分工安排，设计、制作、方法及步骤等）：

5.任务实施

（1）生态浮床初探。

生态浮床，又称人工浮床，通常用于生态修复城市、农村水体污染或建设城市湿地景区等。利用浮床的浮力承托水生植物，让水生植物在一个固定的区域生长，水生植物由此通过发达的根系吸收水体中的富营养物质，降低COD（化学需氧量）；同时人工营造一个动物、微生物良好的生长环境，提高水体的自净能力，从而修复水生态系统，达到自然生态的平衡。生态浮床的组成结构常有浮床固定木桩和浮床框体设计两种。

生态浮床的作用：

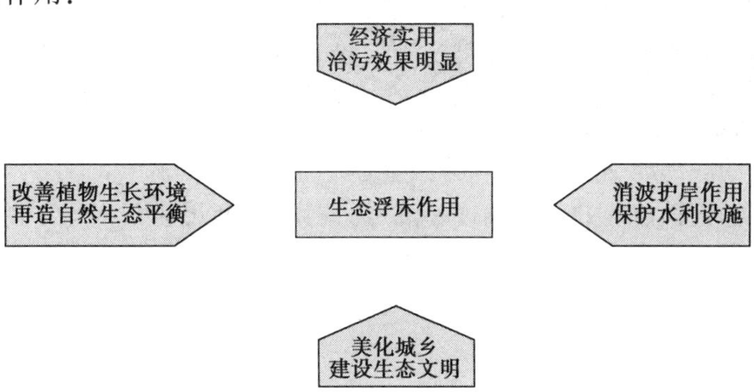

无土草坪生态浮床优点：

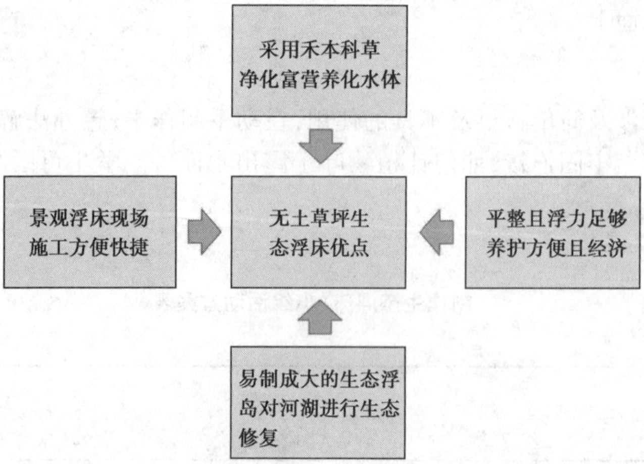

(2)制作生态浮床。

①制作种植瓶：剪去瓶的上部，尽量留长些。

②钻孔：先用锥子在瓶的上部约 1/3 处钻 8 个孔(或 4 个、6 个等偶数个)，用于连接浮瓶；然后用剪刀将孔加大到直径 1 厘米左右，提高穿线速度。给桶的下部钻多个孔，用于透水。

③穿线：用细绳一进一出的方法进行穿孔，穿完最后一个孔后再次反向穿孔。如从第 1 个孔进再从第 2 个孔出，最后从第 8 个孔出，再返回来从第 7 个孔进，从第 6 个孔出，最后又从第 8 个孔出来，打 2 个死结。

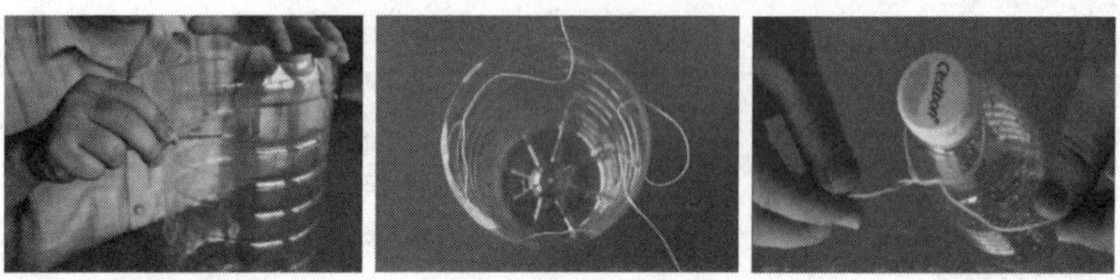

④用细绳在浮力瓶颈部绕 2 圈，并打 2 个死结，细的一端留 10 厘米左右，另一端留 20 厘米左右，防止脱节。

⑤在锥子的帮助下把浮力瓶与种植瓶相连，再将浮力瓶上长的一根线从孔的一根线进去，再从孔的另外一根线出来，最后打死结。

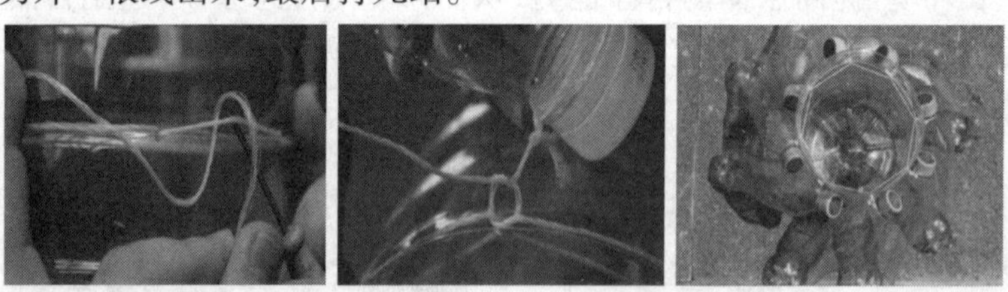

⑥在种植瓶的底部放一层石头，以降低重心，防止翻倒。

⑦把营养土铺到种植瓶的一半高度左右，再栽入植物，最后放入水中测试，合格后放入干净的河中适应培养。

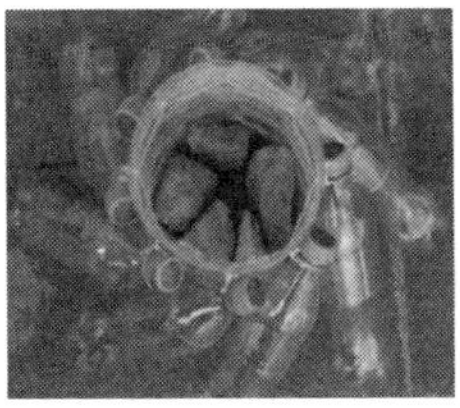
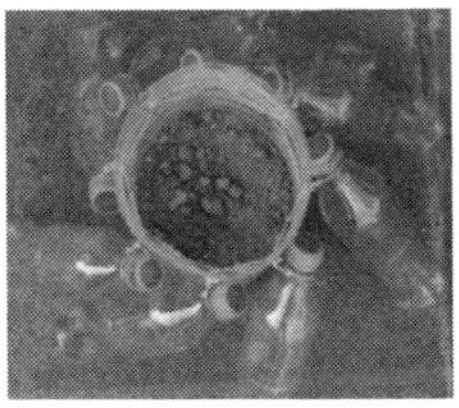
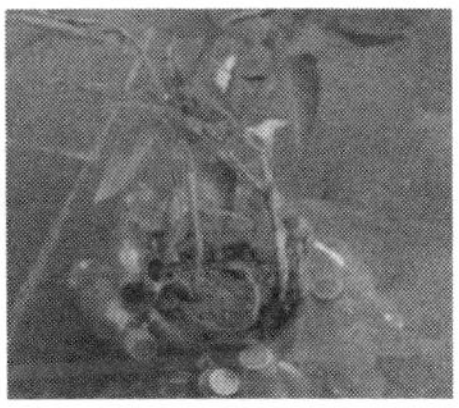

活动总结

1.展示与交流

各小组展示制作的生态浮床，说明制作思路。交流和讨论在制作简易生态浮床活动过程中，我们学到了什么（如浮力等知识、保护环境的重要性等）？哪些植物可以适用于生态浮床？不同植物净化水质的效果如何？

2.评价与反思

学生以小组为单位，按照评价表，对其他小组进行评价。

评价表

小组成员：　　　　　　　　　　　　　　　　　　　　　　　　　　　　　总分：

评价项目	评价等级		
	一级（3分）	二级（2分）	三级（1分）
观　察	通过观察能够完全说出生态浮床的特点及作用，能够根据教师展示的生态浮床有针对性地提出问题	通过观察能够基本说出生态浮床的特点及作用，能够根据教师展示的生态浮床提出问题，但是所提问题与活动没有很大关联	通过观察不能说出生态浮床的特点及作用，不能根据教师展示的生态浮床提出任何问题
制　作	浮力瓶和种植瓶牢固地连在一起；生态浮床能够平稳地浮在水面上，没有出现倾斜、下沉现象	浮力瓶和种植瓶连在一起；生态浮床基本能浮在水面上，但是有些地方倾斜、下沉	浮力瓶和种植瓶分离；生态浮床不能浮在水面上，出现倾斜、下沉现象
交　流	能边演示、边有条理地说明活动完成情况，并举例说明遇到的问题及解决办法	能边演示、边说明活动完成情况，能回答老师、同学的提问	能说明活动完成情况，能回答老师、同学的提问，叙述不太清晰

“制作生态浮床”学习单

[活动目标]

熟悉生态浮床及其组成结构，知道生态浮床经济实用、治污效果明显等优点，利用身边的简易材料及工具制作植物生态浮床，将“关注环保、倡导环保”落实到具体行动中。

[活动方案]

"制作生态浮床"小组活动方案表

小组名称：　　　　　　　　　　　　　　　　　　　　　　　　日期：

规定任务：
我们还关注：
所需工具、材料：
活动策略(分工安排,设计、制作、方法及步骤等)：

[评价与反思]

"制作生态浮床"个人总结与反思

姓名：　　　　　　　　　　　　　　　　　　　　　　　　日期：

我的表现	
我了解到生态浮床及其组成结构：	
我知道生态浮床对治理环境的优势在于：	

评价表

小组成员：　　　　　　　　　　　　　　　　　　　　　　总分：

评价项目	评价等级		
	一级(3分)	二级(2分)	三级(1分)
观　察	通过观察能够完全说出生态浮床的特点及作用,能够根据教师展示的生态浮床有针对性地提出问题	通过观察能够基本说出生态浮床的特点及作用,能够根据教师展示的生态浮床提出问题,但是所提问题与活动没有很大关联	通过观察不能说出生态浮床的特点及作用,不能根据教师展示的生态浮床提出任何问题
制　作	浮力瓶和种植瓶牢固地连在一起;生态浮床能够平稳地浮在水面上,没有出现倾斜、下沉现象	浮力瓶和种植瓶连在一起;生态浮床基本能浮在水面上,但是有些地方倾斜、下沉	浮力瓶和种植瓶分离;生态浮床不能浮在水面上,出现倾斜、下沉现象
交　流	能边演示、边有条理地说明活动完成情况,并举例说明遇到的问题及解决办法	能边演示、边说明活动完成情况,能回答老师、同学的提问	能说明活动完成情况,能回答老师、同学的提问,叙述不太清晰

机器人创意搭建

适用年段：小学　　建议时间：120 分钟

活动目标

学生观看教师展示的机器人，对机器人初步形成知识上和认识上的理解，利用教师提供的材料设计、搭建机器人，培养创造能力，小组合作搭建，提高合作意识，培养团队精神。

活动准备

材料：迎宾解说机器人、象棋机器人、跳舞机器人、竞赛机器人、教育机器人。

场地：机器人馆。

活动实施

1.情境导入

谈到机器人，大家最先想到的是什么呢？是《终结者》里面的杀人机器人，还是《星球大战》里面的战争机器人，或者是《瓦力》里面的机器人瓦力？

指导建议：教师可以根据当地学生的实际情况举例启发，有条件的可以结合视频、PPT等进行展示。

2.机器人展示

(1)迎宾解说机器人。

迎宾解说机器人具有迎宾的功能，在待机状态下打开传感器 1 开关，传感器 1 开始工作，检测前方是否有人经过，如有人经过会发出“您好！欢迎光临！”或者“感谢您的光临！欢迎您下次光临！”的声音。传感器 1 就像眼睛一样会“看见”人从面前经过。将传感器 1 关闭，站在机器人前面约 1 米的位置，可以和机器人进行对话，对话内容可以在控制面板里进行预设，这实际上是一种有限的语音交互功能。

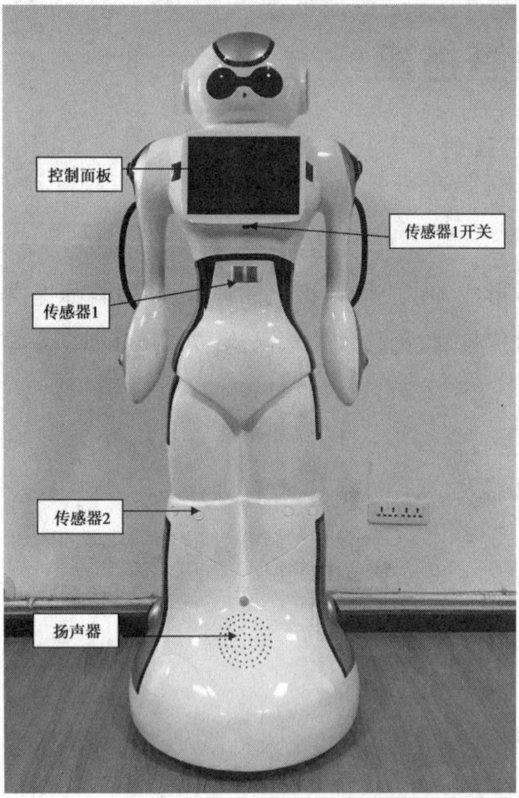
控制面板
传感器1开关
传感器1
传感器2
扬声器

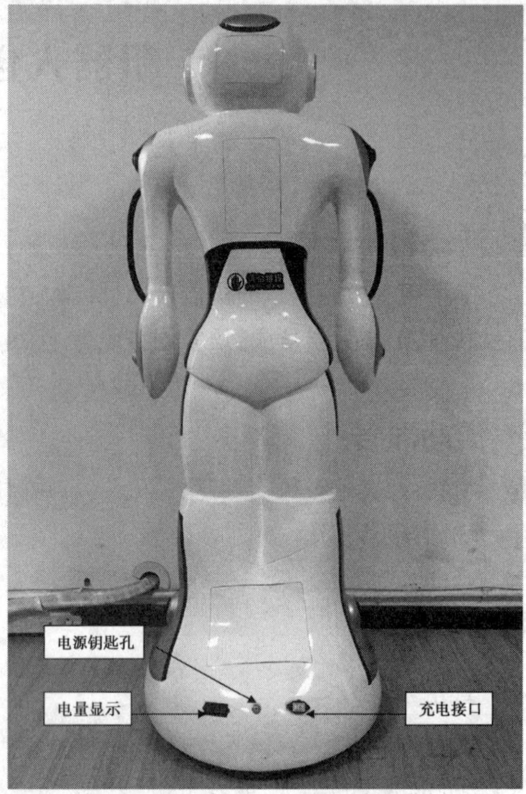
电源钥匙孔
电量显示
充电接口

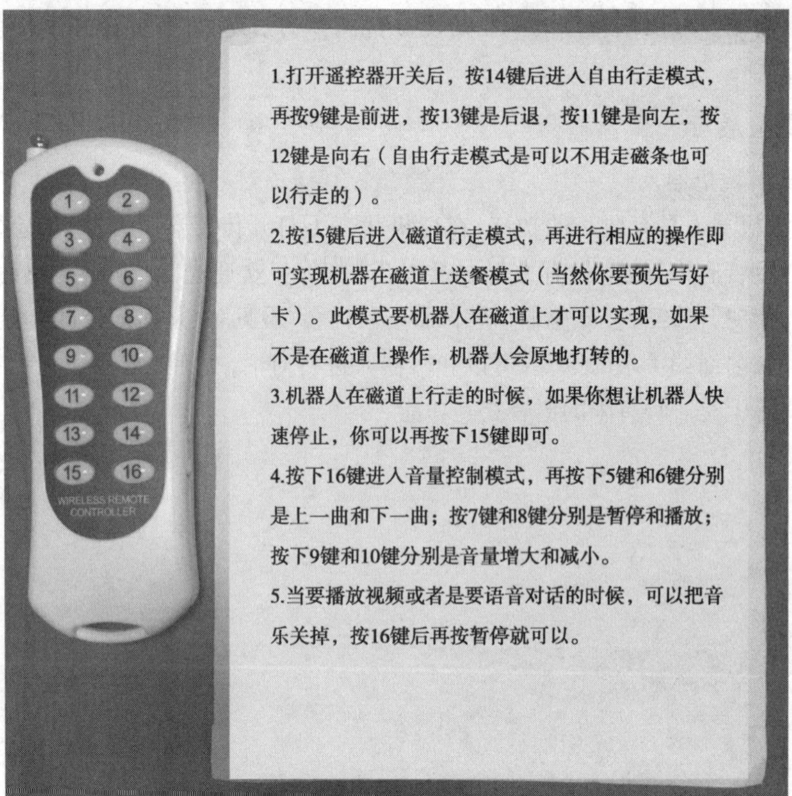
1
2
3
4
5
6
7
8
9
10
11
12
13
14
15
16
WIRELESS REMOTE
CONTROLLER
1.打开遥控器开关后，按14键后进入自由行走模式，再按9键是前进，按13键是后退，按11键是向左，按12键是向右（自由行走模式是可以不用走磁条也可以行走的）。
2.按15键后进入磁道行走模式，再进行相应的操作即可实现机器在磁道上送餐模式（当然你要预先写好卡）。此模式要机器人在磁道上才可以实现，如果不是在磁道上操作，机器人会原地打转的。
3.机器人在磁道上行走的时候，如果你想让机器人快速停止，你可以再按下15键即可。
4.按下16键进入音量控制模式，再按下5键和6键分别是上一曲和下一曲；按7键和8键分别是暂停和播放；按下9键和10键分别是音量增大和减小。
5.当要播放视频或者是要语音对话的时候，可以把音乐关掉，按16键后再按暂停就可以。

部分遥控能实现的功能

(2)象棋机器人。

象棋机器人能和人下象棋，主要依靠计算机的软件控制，机械手臂有摄像头可以实时观察棋盘上面的情况，它会和人一样具有一定的思考能力。（此机器人下棋思考时间很长，不建议用过多时间体验）

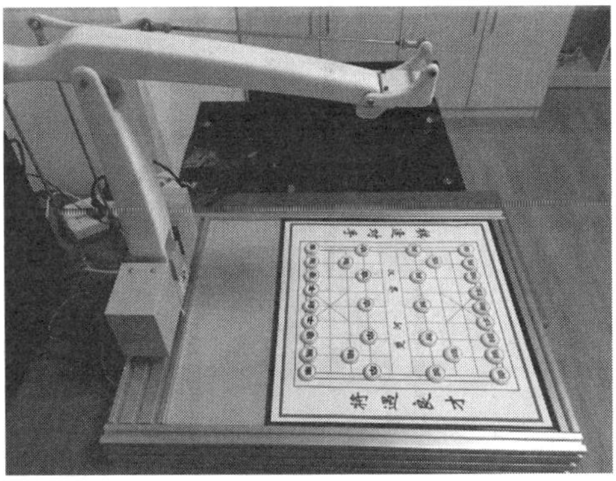

(3)跳舞机器人。

跳舞机器人可以做出复杂的舞蹈动作，如《小苹果》和《江南 style》等歌曲。机器人身上有许多电机，是复杂动作的硬件保障，使用者可以通过手机 App 控制编舞以及下载网络上其他人编的舞蹈。

(4)竞赛机器人。

竞赛机器人与一般机器人一样，都具备以下几个部分：电机、传感器、控制面板、电池。它所使用的传感器是一种灰度传感器，这种传感器在机器人上面有 4 个，将其分为两组，中间两个为一组，两边各一个为另一组，当中间那组检测到黑线时执行前进命令，当两边的那组检测到黑线时执行转弯命令，最后在终点处停下来。

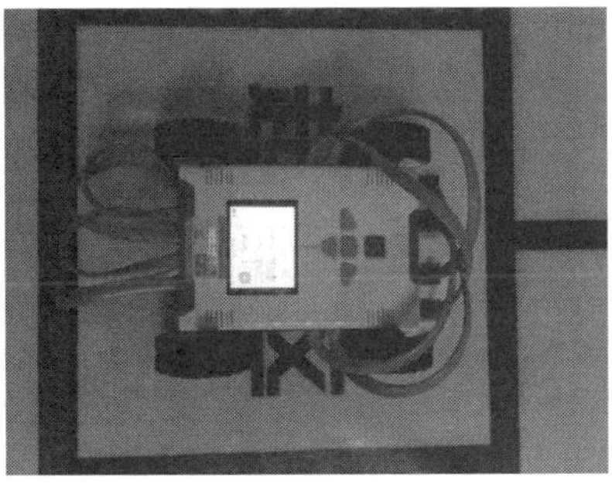

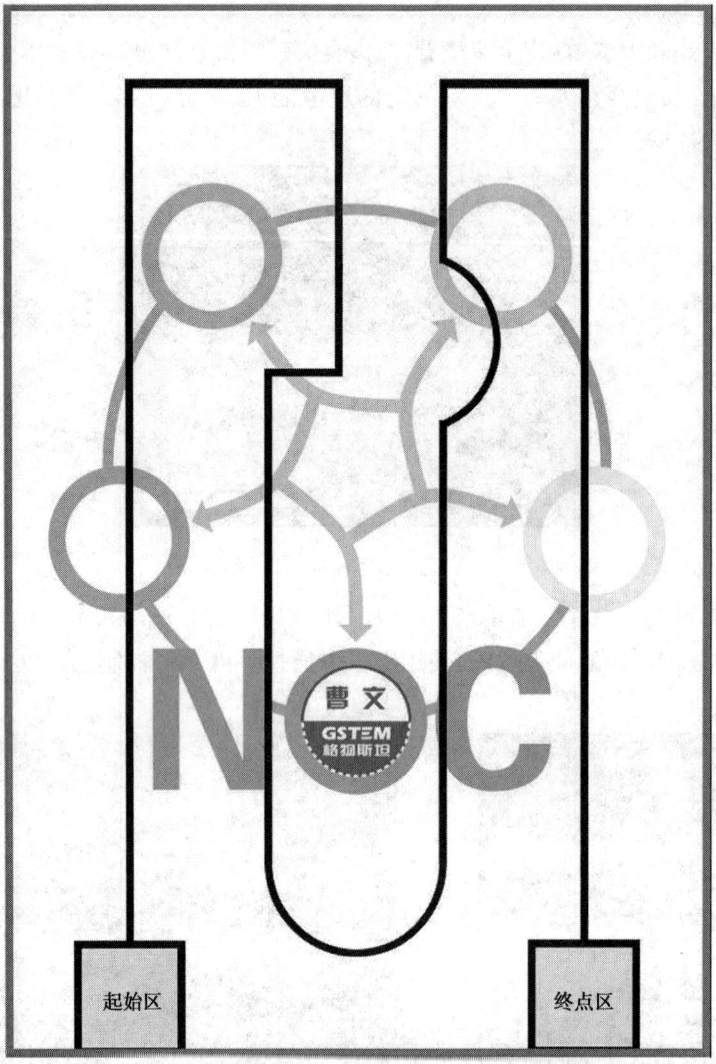

（注意：这里的竞赛机器人的程序采用穷举法，即有多少个转弯就执行多少次命令，如果在某些地方将转弯执行为前进命令，则机器人不会在终点停下来）

指导建议：教师可以根据实际情况在机器人展示环节适当拓展延伸，特别是近几年来机器人的发展水平，以引发学生对机器人搭建的兴趣。

3. 机器人搭建环节

（1）布置任务。

新一轮“星球大战”即将开始，位于地球指挥部的同学们请在有限的时间内设计并制作出参战机器人的模型，交付指挥部进行建造。

任务:设计并制作出机器人模型。

要求:

①坐在一起的为一个小组,建议一个小组制作一个机器人模型。

②搭建过程中注意使用工具的安全,并且不要把螺丝拧得太紧。

③不要把零件倒出来。

④活动过程中不能离开位置。

⑤不能把零件带出教室。

(2)执行任务。

①设计草图:小组合作,确定设计方案。

②确定分工:确定小组成员各自搭建的部分。

③合作搭建:小组合作搭建机器人。

指导建议:教师巡视指导,对于有困难的小组,可以进行一些指导。

活动总结

1.展示与交流

(1)学生以小组为单位,派代表展示本小组创作的机器人模型,并说出本小组的设计思路和分工。

(2)教师引导学生思考:你设计的机器人有什么优点与不足?

(3)各小组根据评价表进行投票,只投其他组的作品。根据投票结果选出优胜小组。

搭建机器人材料外包装:

搭建机器人材料展示:

成果展示——直升机：

成果展示——飞行汽车：

2.评价与反思

学生以小组为单位，按照评价表，对其他小组进行评价。

评价表

小组成员： 总分：

评价项目	评价等级		
	一级(3分)	二级(2分)	三级(1分)
造　型	造型新颖独特,具有原创性	与已有的展示过的模型类似	造型简单或没有完整形象
分　工	分工明确,每个成员都能尽力而为,成员间配合默契	分工具体,但配合不是很紧密	分工不明确,成员内部不团结
完成度	模型完成度高,在规定时间内搭建完成	模型完成度较高	模型有设计但在规定时间内没完成
讲　解	解说生动,想象合理	解说清楚,但不够具体,想象力一般	解说不够清楚,想象不合理

指导建议：在评价环节中,教师应事先让学生了解评价标准,要求学生熟悉评价表的内容,对评价标准中的能力培养目标或要求做到心中有数。

知识链接

什么是机器人

机器人(robot),原为robo,意为奴隶,即人类的仆人,是作家罗伯特创造的词汇。它是高级整合控制论、机械电子、计算机、材料和仿生学的产物。在工业、医学、农业、建筑业甚至军事等领域中均有重要用途。

国际上对机器人的概念已经逐渐趋近一致。一般来说,人们都可以接受这种说法,即机器人是靠自身动力和控制能力来实现各种功能的一种机器。联合国标准化组织采纳了美国机器人协会给机器人下的定义:“一种可编程和多功能的操作机;或是为了执行不同的任务而具有可用计算机改变和可编程动作的专门系统。”它能为人类带来许多方便之处!

“机器人创意搭建”学习单

[活动目标]

学生观看教师展示的机器人,对机器人初步形成知识上和认识上的理解,利用教师提供的材料设计、搭建机器人,培养创造能力,小组合作搭建,提高合作意识,培养团队精神。

[活动方案]

新一轮“星球大战”即将开始,位于地球指挥部的同学们请在有限的时间内设计并制作出参战机器人的模型,交付指挥部进行建造。

“机器人创意搭建”小组活动方案表

小组名称：　　　　　　　　　　　　　　　　　　　　　　　　　　　　　日期：

我们的设计草图	
我们这样分工	
我们遇到了这些困难	
搭建机器人让我们学到了什么？	

[评价与反思]

评价表

小组成员：　　　　　　　　　　　　　　　　　　　　　　　　　总分：

评价项目	评价等级		
	一级(3分)	二级(2分)	三级(1分)
造　型	造型新颖独特，具有原创性	与已有的展示过的模型类似	造型简单或没有完整形象
分　工	分工明确，每个成员都能尽力而为，成员间配合默契	分工具体，但配合不是很紧密	分工不明确，成员内部不团结
完成度	模型完成度高，在规定时间内搭建完成	模型完成度较高	有模型设计但在规定时间内没完成
讲　解	解说生动，想象合理	解说清楚，但不够具体，想象力一般	解说不够清楚，想象不合理

社 会

SHEHUI

今天我当家

适用年段：小学　　建议时间：120 分钟

活动目标

知道将简单的统筹方法运用于家庭日常劳动中，尝试设计经济实惠、营养均衡的菜谱并说明理由，掌握简单处理家务事的常识，养成当家做主的小主人意识；知道什么是时间管理的最重要的因素，知道什么是人们过度开支的主要原因，学会聪明消费时间和金钱。

活动准备

材料：纸、笔、视频或图片及其他活动所需材料。

场地：主题教室。

活动实施

1.热身

(1)日常家务常识抢答。

①怎样去掉桌子上的油腻？（可用纱布包裹湿的茶叶渣擦抹，或用冷茶水擦洗，也可用牙膏或洗涤剂清洗）

②如果炒菜炒咸了，有什么方法补救吗？（有多种办法，根据炒菜种类的不同而定，如炖菜类，可以加入适当的水，炒菜可以加入适量的糖或醋）

③去超市买食品，挑选时要注意什么？（首先食品外包装完好，无损坏；然后看生产日期、保质期，挑选最新生产的食品。此外还要尽量挑选知名厂家的产品）

④爸爸妈妈爱吃硬些的米饭，爷爷奶奶喜欢吃软些的米饭，怎样做才能一次煮出让全家人都满意的米饭？

(2)你还有哪些做家务的小诀窍呢？

2.任务要求

任务：今天我当家。

要求：每个人为下面的家务事安排处理顺序；小组合作设计套餐并说明理由，小组讨论找到如何聪明消费时间、金钱的办法并用表格或思维导图表示出来；小组讨论制订活动方案。

(1)每个人单独安排如下家务事的处理顺序，并计算完成所有家务的最短时长。

家　务	时　间	家　务	时　间
扫地	15 分钟	洗衣准备	2 分钟
洗衣机全自动洗涤	30 分钟	晾衣服	2 分钟
拖　地	10 分钟	擦桌椅	10 分钟

(2)以小组为单位，从荤菜、素菜、汤类、水果四类食材中各选一种食材组成套餐，说明选择的理由。

荤　菜	素　菜	汤　类	水　果
番茄炒蛋 8 元	青菜 2 元	鱼汤 10 元	苹果 4 元
蟹粉豆腐 10 元	菌菇豆腐羹 6 元	鸭血汤 5 元	荔枝 6 元
红烧鲫鱼 12 元	凉拌海带丝 3 元	青菜豆腐汤 3 元	枇杷 7 元
老鸭煲 25 元	西芹百合 8 元	香菇炖鸡汤 20 元	西瓜 3 元

3.讨论问题

什么是时间管理的最重要的因素？什么是人们过度开支的主要原因？学生们围绕如何聪明消费时间和金钱展开讨论，分别找到聪明消费时间和金钱的方法，并将好的方法用于家庭具体事务管理中。

4.制订方案

“今天我当家”小组活动方案表

小组名称：　　　　　　　　　　　　　　　　　　日期：

任务：
活动策略（分工，开展活动的方法、步骤、注意事项等）：

续表

菜谱安排及理由：
聪明消费时间的方法与步骤：
聪明消费金钱的方法与注意事项：

5.任务实施

(1)每个人单独安排家务事的处理顺序,并计算完成所有家务的最短时长。

(2)小组合作安排菜谱,并说明、记录这样安排的理由。

(3)小组讨论找到聪明消费时间、金钱的办法并用表格或思维导图表示出来。

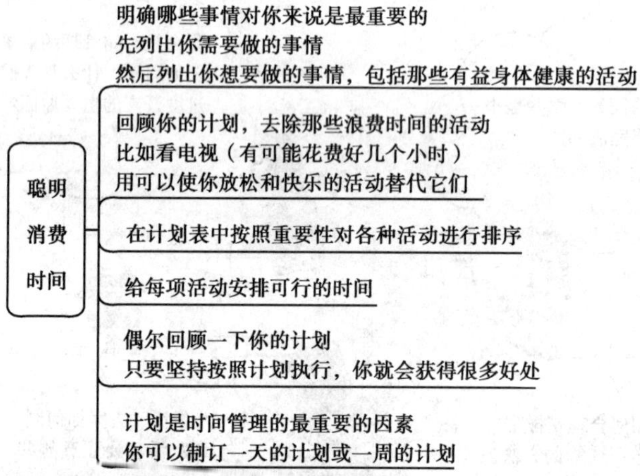

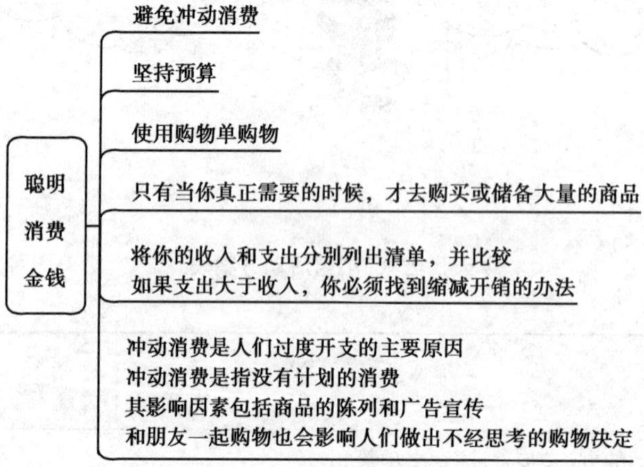

活动总结

1.展示与交流

教师请几位学生谈谈如何安排家务的，日常学习、生活中还有哪些用到统筹安排时间的例子。由各小组代表叙述小组合作完成任务的情况，找到了哪些聪明消费时间和金钱的方法，分享活动体会。

是否应该为家务支付相应的报酬

● 支付报酬	● 不支付报酬
√ 提升孩子的积极性	√ 培养责任感
√ 更好地理解劳动与报酬	√ 培养家庭归属感
× 降低孩子的内动力	× 需要从小培养

2.评价与反思

学生以小组为单位，按照评价表，对其他小组进行评价。

评价表

小组成员： 总分：

评价项目	评价等级		
	一级（3分）	二级（2分）	三级（1分）
合　作	既能完成个人单独承担的任务，又能积极讨论、合作完成小组规定的任务	能完成个人单独承担的任务，能配合完成小组分配的任务	能完成个人单独承担的任务，未能积极完成小组分配的任务
实　践	充分讨论并找到聪明消费时间和金钱的多种有效方法，积极参与并给出合理的套餐配置	讨论并找到聪明消费时间和金钱的有效方法，积极参与并给出合理的套餐配置	讨论并找到聪明消费时间和金钱的方法，积极参与并给出套餐配置
交　流	能积极分享找到聪明消费时间与金钱的有效方法，乐于表达活动的体会	能分享找到聪明消费时间与金钱的方法，能表达活动的体会	能说明活动开展情况，能说明聪明消费时间与金钱的方法

“今天我当家”学习单

[活动目标]

知道将简单的统筹方法运用于家庭日常劳动中，尝试设计经济实惠、营养均衡的菜谱并说明理由，掌握简单处理家务事的常识，养成当家做主的小主人意识，知道什么是时间管理的最重要的因素，知道什么是人们过度开支的主要原因，学会聪明消费时间和金钱。

[活动方案]

"今天我当家"小组活动方案表

小组名称：　　　　　　　　　　　　　　　　　　　　　　　　　日期：

任务：
活动策略(分工,开展活动的方法、步骤、注意事项等)：
菜谱安排及理由：
聪明消费时间的方法与步骤：
聪明消费金钱的方法与注意事项：

[评价与反思]

"今天我当家"个人总结与反思

姓名：　　　　　　　　　　　　　　　　　　　　　　　　　日期：

我的表现	
时间管理的最重要的因素是：	
过度开支的主要原因是：	
聪明消费时间和金钱的方法有：	

评价表

小组成员：　　　　　　　　　　　　　　　　　　　　　　　　　　　　　　　总分：

评价项目	评价等级		
	一级(3分)	二级(2分)	三级(1分)
合　作	既能完成个人单独承担的任务，又能积极讨论、合作完成小组规定的任务	能完成个人单独承担的任务，能配合完成小组分配的任务	能完成个人单独承担的任务，未能积极完成小组分配的任务
实　践	充分讨论并找到聪明消费时间和金钱的多种有效方法，积极参与并给出合理的套餐配置	讨论并找到聪明消费时间和金钱的有效方法，积极参与并给出合理的套餐配置	讨论并找到聪明消费时间和金钱的方法，积极参与并给出套餐配置
交　流	能积极分享找到聪明消费时间与金钱的有效方法，乐于表达活动的体会	能分享找到聪明消费时间与金钱的方法，能表达活动的体会	能说明活动开展情况，能说明聪明消费时间与金钱的方法

包汤圆

适用年段：小学　　建议时间：120 分钟

活动目标

了解汤圆的历史来源与习俗文化，能够说出汤圆与元宵的区别；掌握制作汤圆的基本步骤和方法；通过制作过程认识汤圆的主要成分及营业价值，探讨汤圆在中国民俗文化中的地位及寓意，体验动手制作与品尝美食带来的愉悦。

活动准备

材料：糯米粉、芝麻馅、温水、保鲜膜，导入图片、视频及其他活动所需材料。

场地：生活体验馆。

活动实施

1.情境导入

教师提问学生知道哪些岁时节令（岁时节令是指岁时、岁事、时节、时令等事，是人们在社会生活中约定俗成的一种集体性习俗活动，如除夕、端午、立夏等），在这些节日里家人通常会做哪些食品？你参与做过没有？想不想动手制作岁时节令食品？从而引出本次活动主题：包汤圆。

2.知识探究

（1）查找资料，了解汤圆的历史来源与习俗文化。

（2）从不同角度比较元宵与汤圆的区别。（参见知识链接）

（3）根据图片或者视频学习包汤圆的方法。

参考方法：

①糯米粉加温水和成团，扯下一块揉圆放水中煮熟煮透，捞出与大面团揉匀，揉到光滑、有黏性、面团能拉长就可以了。

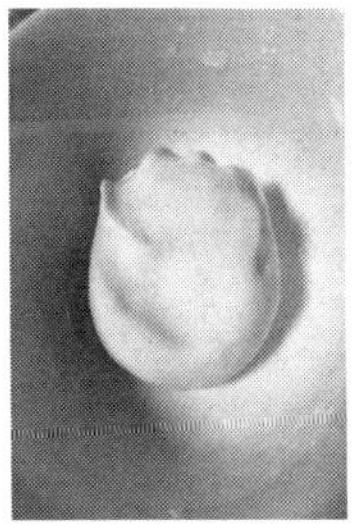

②面团分成 18 克/份揉圆，用保鲜膜盖上保湿，再将芝麻馅分成 12 克/份揉圆备用。（小贴士：糯米面团需要用保鲜膜覆盖，不然水分流失很难操作）

③取一小面团揉圆按扁，捏圆，面皮放在虎口上，再放上馅，用拇指和食指慢慢收紧。

④尾端收紧后，在糯米粉里滚一下，再用手搓圆，一个汤圆就完成了。

3.任务要求

任务：包汤圆。

要求：(1)根据探究的制作方法，小组合作自主选择原材料，动手包汤圆；(2)完成活动方案表，保持教室环境整洁，节约食材。

4.制订方案

“包汤圆”小组活动方案表

小组名称：　　　　　　　　　　　　　　　　　　　　　　　　　　　日期：

<table>
<tr><td>任　务</td><td></td><td>组　长</td><td></td></tr>
<tr><td colspan="4">所需主要材料、器具：</td></tr>
<tr><td colspan="4">制作方法及具体步骤：</td></tr>
<tr><td colspan="4">分工安排：</td></tr>
<tr><td colspan="4">注意事项：</td></tr>
<tr><td colspan="4">品尝感受：</td></tr>
</table>

5.任务实施

教师提醒学生加工食材时保持卫生，注意安全操作器具。学生制作完毕，要求各小组清理操作台。各小组根据活动方案、任务与要求领取食材，做好制作和烹饪前的准备，有序展开制作活动。

指导建议：教师提醒学生在食品加工制作过程中，注意卫生和安全操作，爱护器材，不浪费食物，珍视劳动成果。如果条件允许，教师可让学生将自己制作的汤圆煮熟并进行品尝。

活动总结

1.展示与交流

小组分享本次活动的感受，从形状、味道等不同角度评价自己制作的汤圆，比较自己制作的汤圆与平时所吃的汤圆有何区别，探讨汤圆在中国民俗文化中的地位、寓意及营养成分等。

2.评价与反思

学生以小组为单位，按照评价表，对其他小组进行评价。

评价表

小组成员：　　　　　　　　　　　　　　　　　　　　　　　　总分：

评价项目	评价等级		
	一级（3分）	二级（2分）	三级（1分）
实　践	高质量地完成“小组活动方案表”填写任务，能按活动计划安全、卫生、有序地包汤圆，顺利完成全部任务	完成“小组活动方案表”填写任务，能按活动计划加工制作出可食用的汤圆	未能按计划开展活动，“小组活动方案表”填写不认真，未能制作出汤圆
交　流	能清楚地讲述汤圆的有关内容，积极分享制作汤圆的技巧	能讲述汤圆的有关内容，愿意分享制作汤圆的方法	仅能说明活动开展情况

知识链接

元宵与汤圆的区别

（1）地域区别：俗话说“北滚元宵，南包汤圆”。北方主要吃元宵，南方主要吃汤圆。

（2）制作区别：摇元宵，工艺是“摇”，即把馅心沾水，用水沾上干糯米粉，再重复 N 次这个过程直到它很大；包汤圆，工艺是“包”，和包饺子差不多，用的是糯米粉面团和软馅。

（3）原料区别：元宵原料中的馅心硬得像麻将一样，外皮是干糯米粉，所以单个元宵比较重，容易吃饱；汤圆原料中的馅心软得和包子馅差不多，外皮是糯米粉团。

（4）煮熟时间区别：元宵煮的时间长，要 10 分钟以上；汤圆煮的时间短，3～5 分钟就好了。

（5）口感不同：元宵吃起来是硬的；汤圆吃起来是软和糯的。

“包汤圆”学习单

［活动目标］

了解汤圆的历史来源与习俗文化，能够说出汤圆与元宵的区别；掌握制作汤圆的基本步骤和方法；通过制作过程认识汤圆的主要成分及营业价值，探讨汤圆在中国民俗文化中的地位及寓意，体验动手制作与品尝美食带来的愉悦。

[活动方案]

"包汤圆"小组活动方案表

小组名称：　　　　　　　　　　　　　　　　　　　　　　日期：

任　务		组　长	
所需主要材料、器具：			
制作方法及具体步骤：			
分工安排：			
注意事项：			
品尝感受：			

[评价与反思]

评价表

小组成员：　　　　　　　　　　　　　　　　　　　　　　总分：

评价项目	评价等级		
	一级(3分)	二级(2分)	三级(1分)
实　践	高质量地完成"小组活动方案表"填写任务，能按活动计划安全、卫生、有序地包汤圆，顺利完成全部任务	完成"小组活动方案表"填写任务，能按活动计划加工制作出可食用的汤圆	未能按计划开展活动，"小组活动方案表"填写不认真，未能制作出汤圆
交　流	能清楚地讲述汤圆的有关内容，积极分享制作汤圆的技巧	能讲述汤圆的有关内容，愿意分享制作汤圆的方法	仅能说明活动开展情况

学编中国结

适用年段：小学　　建议时间：60 分钟

活动目标

了解中国结的历史、种类、含义及应用，感受中国结深厚博大的文化底蕴和艺术魅力，触摸中国文化的脉搏。小组合作探究中国结的制作技巧，培养学生的动手能力以及合作探究能力。

活动准备

材料：剪刀、红线、白纸、笔及其他活动所需材料。

场地：编织艺术馆。

活动实施

1.情境导入

开展猜谜游戏，教师出示谜面：一缕红丝线，交错结龙凤，心似双丝网，中有千千结。猜谜结束后，根据谜底，教师引入课程主题。教师展示不同种类的中国结图片，让学生从视觉上充分感受中国结的美。

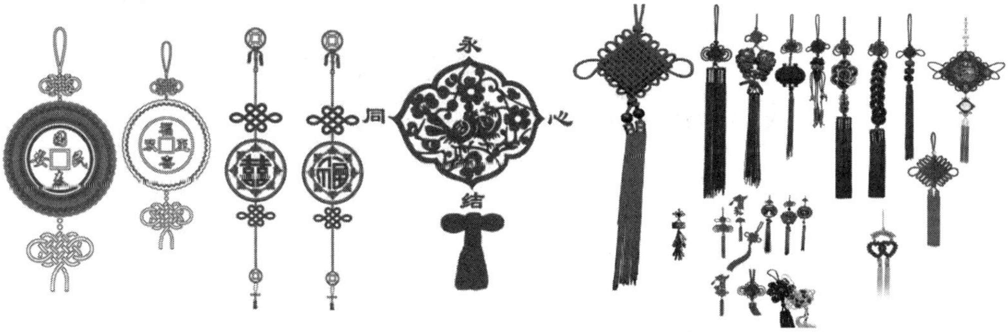

指导建议：教师讲解中国结的历史由来、典故，询问学生在现实生活中的什么场所见过中国结，见过什么样式的中国结，我们平时所看到的中国结为什么红色最多？有什么文化内涵？让学生思考、讨论。

2.观察探究

教师引导学生探讨中国结是如何将一根红线编织成美丽的图案，理解这种编织效果的引申意义。让学生试着打一个结，观察是否和中国结一致，总结编织中国结的难点。

3.布置任务

任务：编织中国结。

要求：以小组为单位，在 40 分钟内完成，外形符合中国结的基本特点，能够说出中国结的文化内涵。

4.制订方案

（1）提出问题：学生针对教师布置的任务提出问题，教师在黑板上将问题记下来，给出解决方案。

指导建议：教师引导学生就材料的选择、小组成员的合作、工具的规范安全使用等，给予明确的规定；对一些制作的基本技能，给予学生编织方法，并让其相互探究，从而掌握编织方法。

(2)计划：学生以小组为单位，进行人员分工，制订编制中国结的活动方案。

"学编中国结"小组活动方案表

小组名称： 日期：

小组成员		时　间	
活动任务			
所需材料			
作品简介(名称、功能、特点、设计思路等)			
活动策略(分工安排、制作方法、步骤等)			
问题和困难			

5.任务实施

小组成员根据活动方案的分工和计划编制中国结。具体制作步骤可参考下图。

方法一：

1.先作三个环(如图)，排成十字形。

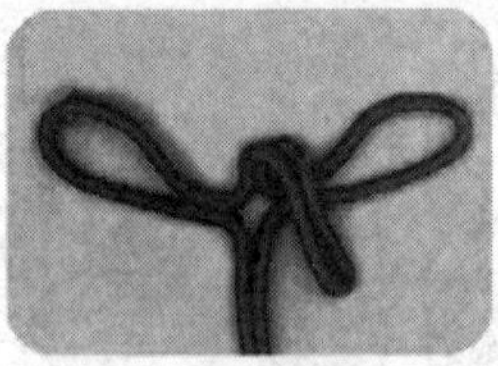

2.将中间的环如图压住右边的环。

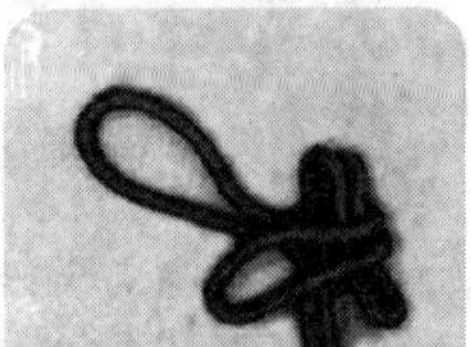

3.将右边的环如图翻压。

4.把下面的两根绳如图翻压到上面。

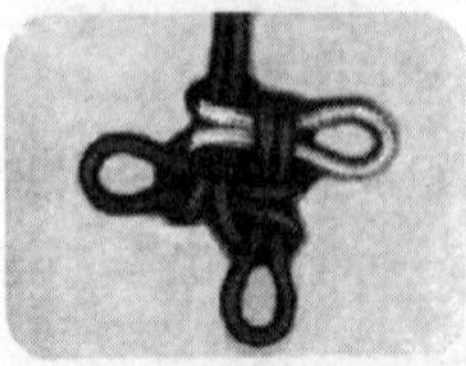

5.将最后一个环按图示方向穿出。

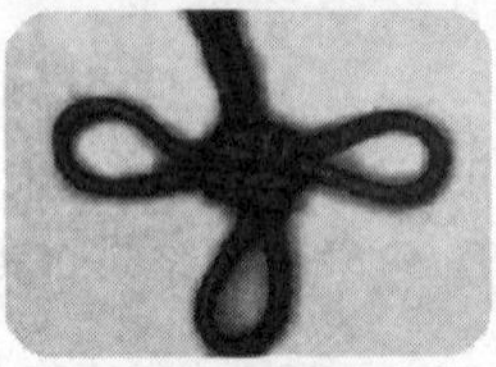

6.平均施力，将环与绳头向四周拉紧。

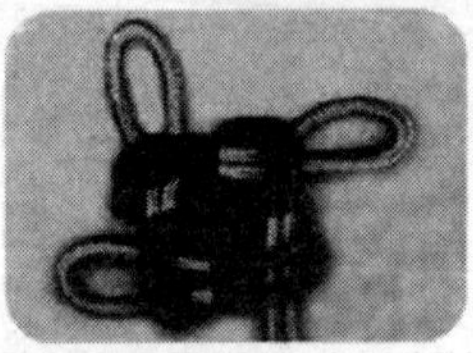

7.用同样方法将三个环和绳头以相反方向翻压穿出。

8.最后拉紧，整理完成。

方法二：

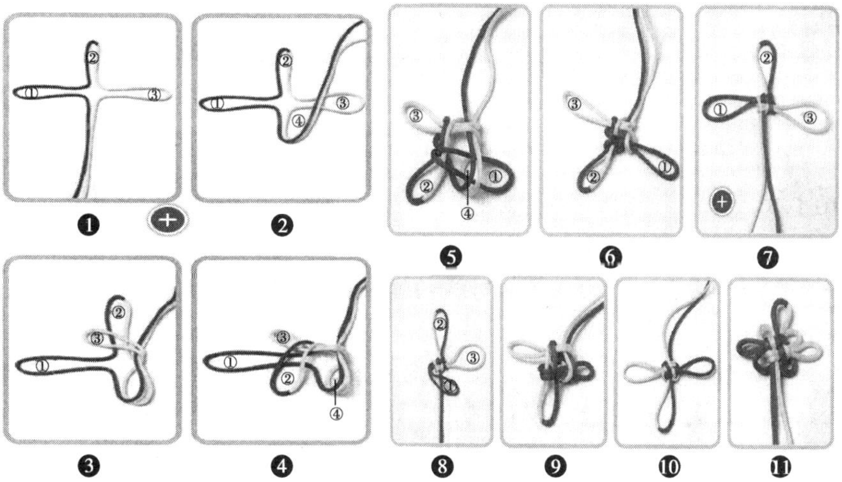

(1)做出圈①、②、③;(2)尾线向上绕出圈④,压圈③;(3)圈③压尾线、圈②;(4)圈②压圈③、圈①;(5)圈①压圈②并穿进圈④;(6)收紧;(7)调整好;(8)仿照以上做法,以压、压、压、穿的方式再做一次,调整、收紧,根据线的走向把小线圈拉出。

指导建议:观看中国结中双线结编成的作品,观看教师演示。活动过程中,教师应提醒学生注意时间,对操作过程中使用工具的不规范、不安全给出正确的指导。

活动总结

1.展示与交流

各组展示本组编制的中国结,分享制作感受以及对中国结的了解。

指导建议:当学生展示作品时教师以鼓励为主,从作品的设计、创意、美观、分工、发现的问题、如何解决问题、没解决的问题等方面进行演讲,不全面的由小组成员补充(每组2~3分钟)。

2.评价与反思

学生以小组为单位,按照评价表,对其他小组进行评价。

评价表

小组成员：　　　　　　　　　　　　　　　　　　　　　　　总分：

评价项目	评价等级		
	一级(3分)	二级(2分)	三级(1分)
实　践	能认真完成任务。合作完成的作品能将传统绳艺编制技法充分融合,作品美观	能完成任务。作品能将传统绳艺编制技法融合,作品较美观	未能设计、编制出有创意且美观的作品
交　流	能清楚地详细介绍本组设计理念和编制技法的应用	能介绍本组设计理念和编制技法的应用	仅能说明本组开展活动的情况

拓　展

教师提问学生还希望创作什么样的中国结？还知道哪些中国结？它们都表达了什么样的寓意？

知识链接

中国结是一种中国特有的手工编织工艺品，它身上所显示的精致与智慧正是中华古老文明中的一个侧面。它原本是由旧石器时代的缝衣打结，后推展至汉朝的礼仪记事，再演变成今日的装饰手艺。

周朝人随身佩戴的玉常以中国结为装饰，而战国时代的铜器上也有中国结的图案，延续至清朝中国结才真正成了盛传于民间的艺术。现代中国结多用来装饰室内、亲友间的馈赠礼物及个人的随身饰物。因为其外观对称精致，可以代表中国悠久的历史，符合中国传统装饰的习俗和审美观念，故命名为中国结。

中国结有双钱结、纽扣结、琵琶结、团锦结、十字结、吉祥结、万字结、盘长结、藻井结、双环结、锦囊结等多种结式。中国结代表着团结、幸福、平安，特别是在民间，它精致的做工深受大众的喜爱。

纽扣结

十字结

万字结

双环结

“学编中国结”学习单

[活动目标]

了解中国结的历史、种类、含义及应用，感受中国结深厚博大的文化底蕴和艺术魅力，触摸中国文化的脉搏。小组合作探究中国结的制作技巧，培养学生的动手能力以及合作探究能力。

[活动方案]

"学编中国结"小组活动方案表

小组名称：　　　　　　　　　　　　　　　　　　　　　　　　　　日期：

小组成员		时　间	
活动任务			
所需材料			
作品简介（名称、功能、特点、设计思路等）			
活动策略（分工安排、制作方法、步骤等）			
问题和困难			

[评价与反思]

评价表

小组成员：　　　　　　　　　　　　　　　　　　　　　　　　总分：

评价项目	评价等级		
	一级（3分）	二级（2分）	三级（1分）
实　践	能认真完成任务。合作完成的作品能将传统绳艺编制技法充分融合，作品美观	能完成任务。作品能将传统绳艺编制技法融合，作品较美观	未能设计、编制出有创意且美观的作品
交　流	能清楚地详细介绍本组设计理念和编制技法的应用	能介绍本组设计理念和编制技法的应用	仅能说明本组开展活动的情况

制作曲奇饼干

适用年段：小学　　建议时间：120 分钟

活动目标

了解生活中常见的曲奇饼干和烘焙的基本知识，熟悉曲奇饼干的制作工艺；通过自己动手制作曲奇饼干，掌握其制作要领和小窍门，提升生活技能。

活动准备

材料：教学课件、打蛋器、油纸、刮刀、不锈钢锅、粉筛、裱花袋、裱花嘴、烤箱、电子秤、黄油、细砂糖、糖粉、新鲜鸡蛋、低筋面粉及其他活动所需材料。

场地：烘焙制作室。

活动实施

1.情境导入

教师播放沙特王室访华中意曲奇饼干小视频，启发学生送别人礼物时可以自己烘焙一款曲奇饼干，从而引起学生对制作曲奇饼干的兴趣。提问学生生活中见过哪些种类的曲奇饼干，出示一些常见的曲奇饼干图片供学生欣赏。

黄油曲奇饼干

蔓越莓曲奇饼干

可可坚果曲奇饼干

抹茶曲奇饼干

2.安全问题

教师简单介绍制作曲奇饼干使用到的器具，讲解食品卫生注意事项以及制作过程中的安全问题。

(1)清洁电烤箱时，必须拔掉电源线，等待电烤箱冷却至室温时才能操作。

(2)严禁将电源线、插头及电烤箱浸入水中或其他液体中。

(3)电烤箱工作时不要随意触摸，仅可使用旋钮或把手，以免灼伤。

(4)不要将纸板、纸张或塑料等物品放置在箱炉内。

(5)品尝食物时，双手要清洗干净。

3.知识预备

教师播放曲奇饼干制作的视频，引导学生归纳制作曲奇饼干的具体用料及步骤，填入学习单中。

曲奇饼干制作步骤

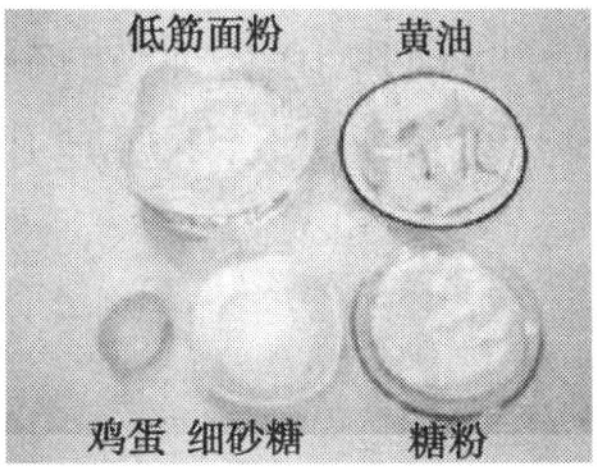

(1)准备好材料:鸡蛋 1 个,低筋面粉 200 克,黄油 120 克,糖粉 50 克,细砂糖 30 克。

(2)软化黄油:提前几个小时将黄油从冰箱冷冻室里拿出,在室温下放至软化,用打蛋器搅打至顺滑。

(3)待黄油在室温下软化后加入细砂糖和糖粉再次打发顺滑,打发至黄油颜色变浅,体积变大,并且形成顺滑的纹路。

(4)分三次加入打散的鸡蛋液,每次都要打至融合后再加入下一次鸡蛋液,这个时候的黄油体积蓬松,颜色发白得类似奶油霜状。

(5)筛入低筋面粉,用橡皮刮刀将面粉与黄油用翻拌的手法(从底部往上捞起)搅拌,千万不要转圈搅拌,避免面粉出筋,搅拌至无干粉状态即可。

(6)裱花袋中放入喜欢的花嘴(用硅胶裱花袋比一次性塑料裱花袋更好),把曲奇面糊填入裱花袋,烤盘铺上油纸,然后把曲奇挤在烤盘上。

(7)待烤箱温度升至170度时预热10分钟,在烤箱中层烤15~18分钟即可。(烤的时候尽量不要走开,多观察上色情况)。

(8)出炉后放在烤网上冷却,待完全冷却后装入罐中或保鲜盒中密封保存。

[制作小贴士]

(1)糖粉是保持曲奇花纹的一大功臣,而细砂糖可以使得曲奇更加酥化,这就是又加糖粉又加细砂糖的原因。

(2)鸡蛋如果放入了冰箱,最好是恢复到室温后再使用。只放蛋黄液而不放蛋白,也可以使饼干有型且酥松。

(3)黄油要充分软化后再打发,否则会造成面糊偏硬,比较难挤;黄油是软化后使用,而不是溶化成液体。

(4)要注意黄油不要打发过了,打发到顺滑无颗粒的羽毛状即可。如果黄油打发过了,可能会导致烘烤时花纹消失。

(5)鸡蛋加入黄油的时候,一定要分次加入,并且每一次都要搅打到鸡蛋和黄油完全融合后再加下一次,否则会出现蛋油分离。

(6)装入裱花袋的时候建议少量多次,这样更容易挤。

(7)因为曲奇饼干的烘烤时间比较短,所以容易烤煳,建议大家在旁边看着。

4.布置任务

任务:制作曲奇饼干

要求:(1)60分钟内小组合作完成制作曲奇饼干,分工合理;(2)要有明确具体的活动方案;(3)曲奇饼干甜度适中,酥而细腻,纹路好看;(4)制作过程中注意安全,制作结束后要清理现场。

5.制订方案

通过仔细思考问题,充分讨论后,制订小组活动方案。

“制作曲奇饼干”小组活动方案表

小组名称：　　　　　　　　　　　　　　　　　　　　　　　　　　　　日期：

<table>
<tr><td>所需材料、工具</td><td colspan="2"></td></tr>
<tr><td colspan="3">制作步骤：</td></tr>
<tr><td rowspan="11">分　工</td><td>任　务</td><td>负责人</td></tr>
<tr><td>领取材料</td><td></td></tr>
<tr><td>称取材料</td><td></td></tr>
<tr><td>软化黄油</td><td></td></tr>
<tr><td>打发黄油</td><td></td></tr>
<tr><td>和　面</td><td></td></tr>
<tr><td>成型裱花</td><td></td></tr>
<tr><td>烘　烤</td><td></td></tr>
<tr><td>冷　却</td><td></td></tr>
<tr><td>清　理</td><td></td></tr>
<tr><td>……</td><td></td></tr>
<tr><td colspan="3">问题及困难：</td></tr>
<tr><td colspan="3">改进建议：</td></tr>
</table>

6.任务实施

学生有序地领取材料。各小组合作制作曲奇饼干，注意节约用水和保持环境整洁。

指导建议：任务实施环节，教师要多巡视，及时发现存在的问题，引导学生迅速解决。不规范、不安全的操作要在发现的第一时间给予指正；有些操作技巧未必所有学生都能想到，如判断曲奇饼干是否烤熟、冷却曲奇饼干的方法与技巧等。在等待烘烤的过程中教师可引导学生将学习单补充完整，了解评价表，或者出示更多有关烘焙小技巧的视频及方法。

活动总结

1.展示与交流

对照小组活动方案表及任务要求，各小组展示制作好的曲奇饼干，由其他小组进行品尝并根据评价表进行打分。交流在活动过程中遇到的问题和困难，以及解决问题的办法。

2.评价与反思

学生以小组为单位，按照评价表，对其他小组进行评价。

评价表

小组成员：　　　　　　　　　　　　　　　　　　　　　　　　　总分：

评价项目	评价等级		
	一级(3分)	二级(2分)	三级(1分)
知　识	在教师的引导下熟悉曲奇饼干的制作过程及制作小贴士	在教师的引导下大概了解曲奇饼干的制作过程及制作小贴士	不能理解曲奇饼干的制作过程及制作小贴士
分　工	按照统筹规划的原则进行小组内部分工，每个人都参与制作过程中，保证小组在规定时间内完成任务	按照统筹规划的原则进行小组内部分工，每个步骤都按顺序进行，没有同时进行，小组在规定时间内完成任务	没有按照统筹规划的原则进行小组内部分工，步骤进行得较为混乱，小组没有在规定时间内完成任务
制　作	曲奇饼干有型酥松，色泽嫩黄，口感细腻，甜度适中，无粗糙感	曲奇饼干较为酥松，基本成型，色泽嫩黄，口感较为细腻，甜度适中，有少许粗糙感	曲奇饼干不能成型，不够酥松，有烤煳的现象，口感粗糙，甜度不适中

“制作曲奇饼干”学习单

[活动目标]

了解生活中常见的曲奇饼干和烘焙的基本知识，熟悉曲奇饼干的制作工艺；通过自己动手制作曲奇饼干，掌握其制作要领和小窍门，提升生活技能。

[活动方案]

"制作曲奇饼干"小组活动方案表

小组名称： 日期：

<table>
<tr><td>所需材料、工具</td><td colspan="2"></td></tr>
<tr><td colspan="3">制作步骤：</td></tr>
<tr><td rowspan="11">分　工</td><td>任　务</td><td>负责人</td></tr>
<tr><td>领取材料</td><td></td></tr>
<tr><td>称取材料</td><td></td></tr>
<tr><td>软化黄油</td><td></td></tr>
<tr><td>打发黄油</td><td></td></tr>
<tr><td>和　面</td><td></td></tr>
<tr><td>成型裱花</td><td></td></tr>
<tr><td>烘　烤</td><td></td></tr>
<tr><td>冷　却</td><td></td></tr>
<tr><td>清　理</td><td></td></tr>
<tr><td>……</td><td></td></tr>
<tr><td colspan="3">问题及困难：</td></tr>
<tr><td colspan="3">改进建议：</td></tr>
</table>

[评价与反思]

评价表

小组成员：　　　　　　　　　　　　　　　　　　　　　　　　　　总分：

评价项目	评价等级		
	一级(3分)	二级(2分)	三级(1分)
知　识	在教师的引导下熟悉曲奇饼干的制作过程及制作小贴士	在教师的引导下大概了解曲奇饼干的制作过程及制作小贴士	不能理解曲奇饼干的制作过程及制作小贴士
分　工	按照统筹规划的原则进行小组内部分工,每个人都参与制作过程中,保证小组在规定时间内完成任务	按照统筹规划的原则进行小组内部分工,每个步骤都按顺序进行,没有同时进行,小组在规定时间内完成任务	没有按照统筹规划的原则进行小组内部分工,步骤进行得较为混乱,小组没有在规定时间内完成任务
制　作	曲奇饼干有型酥松,色泽嫩黄,口感细腻,甜度适中,无粗糙感	曲奇饼干较为酥松,基本成型,色泽嫩黄,口感较为细腻,甜度适中,有少许粗糙感	曲奇饼干不能成型,不够酥松,有烤煳的现象,口感粗糙,甜度不适中

丝网花制作

适用年段：小学　　建议时间：60 分钟

活动目标

掌握丝网花制作过程中绕圈、网丝等基本操作步骤，提高动手能力；自主设计并制作丝网花，增强创新意识；尝试欣赏、分析作品，提出评估意见，改进创作方案，形成自己的审美观。

活动准备

材料：各色丝网、彩色铁丝、花竿、各色珠光花蕊、不同口径套筒、绿色胶带、QQ 线、尖嘴钳、剪刀、棒针、彩笔及其他活动所需材料。

场地：编织艺术馆。

活动实施

1.情境导入

教师给出一些真花朵和假花图片或实物让学生分辨，引导学生感受假花可乱真，以此吸引学生，导入课程主题。

2.观察探究

教师指导学生观察丝网桃花，运用视觉、触觉等感官，通过看、触摸、联想等方式，探究丝网花的制作材料、弹性、造型、色彩、花形、透明度、可塑性、形态变化等特点，思考丝网花的用途。

3.示范指导

教师播放视频《丝网花制作教学》，进行丝网花制作基本步骤的指导与示范，引导学生将示范要点记录在学习单中。

(1)绕圈：取铁丝绕套筒一圈，铁丝首尾两端交叉；将两端拧转，在离拧口 2 厘米处剪断；用钳子将拧口处压平；从套筒上取下即完成。

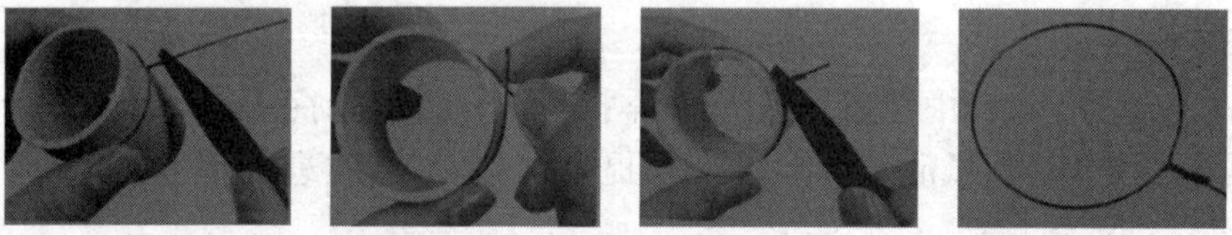

(2)网丝：取一节丝网，套在铁圈上；丝网绷至松紧适当，拉平；在柄处捏紧；用弹力线在柄处扎 5~6 圈后直接拉断，不需打结；剪掉多余丝网即完成，还可以自由造型。

操作要领：在套丝网时，要把握丝网的松紧，过松不好看，过紧会导致无法组装、造型不良。

(3)组装：取几根花蕊，对折，再取一根花色铁丝，与花蕊放在一起，并取顶端的 2 厘米，用胶带包好。然后取一片花瓣与花蕊基本对齐扎好，从花瓣外侧依次叠加(叠加部分约占一半)并扎好其余花瓣，包上绿色胶带，最后用同样的方法做好其余的花。

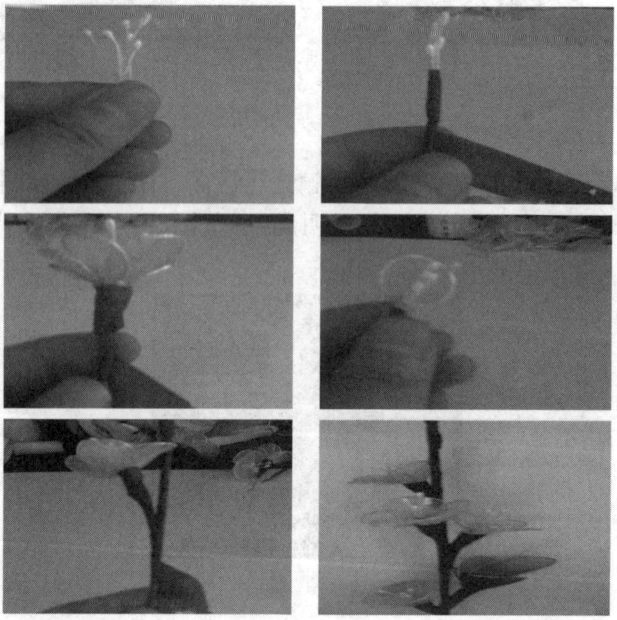

操作要领：组装时，所有花瓣根部必须整齐一致，切忌忽上忽下，影响美观。绑胶带时要均匀，应包好棉线的线头，不要让线头露出来。

（4）整理、造型。

花瓣、花托和叶子可以任意拉伸和弯曲，按花朵的盛开情况对花瓣、花叶和花茎等进行整理和造型。

4.布置任务

任务：设计并制作一件丝网花作品。

要求：（1）丝网花造型有创意，与教师出示丝网花样式不同；（2）丝网花作品美观，配色舒适，制作精美。

5.制订方案

（1）提出问题：学生针对教师布置的任务，提出问题。教师在黑板上将问题记下来，给出解决方案。

指导建议：对于丝网花制作的材料和工具如何使用、具体操作步骤的困惑，教师做出解答或亲自演示。

（2）计划：学生以小组为单位，进行人员分工，制订制作丝网花的活动方案。

"丝网花制作"小组活动方案表

小组名称：　　　　　　　　　　　　　　　　　　日期：

小组成员		组　长	
活动任务			
所需材料			
丝网花的特点			
丝网花注意要点			
作品简介（名称、功能、特点、设计思路等）			
活动策略（设计、绕圈、网丝、组装、整理、造型等）			
问题和困难			

6.任务实施

(1)设计:小组讨论通过怎样的设计样式才能使作品与教师出示样例不一致。

(2)制作:根据设计样式以及学习的基本技法,小组合作,按照分工制作丝网花。

活动总结

1.展示与交流

各组展示作品,讲解作品的特点、创新点,介绍成功的经验,提出不足之处和改进设想,同时让其他小组进行内容补充。

指导建议:教师指导学生从形式美和内容美两方面欣赏各组作品,从创作意境、整体造型、色彩搭配、技法运用四个方面进行观察、讨论、分析,并提出改进建议。

2.评价与反思

学生以小组为单位,按照评价表,对其他小组进行评价。

评价表

小组成员: 总分:

评价项目	评价等级		
	一级(3分)	二级(2分)	三级(1分)
创 新	设计的作品与教师出示的作品完全不一致	设计的作品与教师出示的作品有20%左右一致	设计的作品与教师出示的作品有50%左右一致
实 践	能认真完成任务。合作完成的作品美观,配色舒适,制作精美	能完成任务。合作完成的作品较为美观,配色较舒适,制作较精美	不能完成任务。合作完成的作品不完整,配色不舒适
交 流	能清楚地详细介绍本组设计理念、整体造型及技法的应用	能介绍本组设计理念、整体造型及技法的应用	仅能说明本组开展活动的情况

知识链接

丝网花特点:①花色艳丽、造型别致、端庄典雅,保存时间长久,四季盛开不谢;②成本价格远低于鲜花,市场利润空间大;③花的品种繁多,不会因季节变化而出现缺货现象;④尤其适合对花粉过敏的爱花人士;⑤对手工爱好者有很好的创造性发挥;⑥完成后赠友人是很好的礼品且使自己充满作品完成后的成就感。

“丝网花制作”学习单

[活动目标]

掌握丝网花制作过程中绕圈、网丝等基本操作步骤，提高动手能力；自主设计并制作丝网花，增强创新意识；尝试欣赏、分析作品，提出评估意见，改进创作方案，形成自己的审美观。

[活动方案]

“丝网花制作”小组活动方案表

小组名称：　　　　　　　　　　　　　　　　　　　　　　　　　　日期：

小组成员		组　长	
活动任务			
所需材料			
丝网花的特点			
丝网花注意要点			
作品简介（名称、功能、特点、设计思路等）			
活动策略（设计、绕圈、网丝、组装、整理、造型等）			
问题和困难			

[评价与反思]

评价表

小组成员：　　　　　　　　　　　　　　　　　　　　　　　　　　　　总分：

评价项目	评价等级		
	一级(3分)	二级(2分)	三级(1分)
创　新	设计的作品与教师出示的作品完全不一致	设计的作品与教师出示的作品有20%左右一致	设计的作品与教师出示的作品有50%左右一致
实　践	能认真完成任务。合作完成的作品美观，配色舒适，制作精美	能完成任务。合作完成的作品较为美观，配色较舒适，制作较精美	不能完成任务。合作完成的作品不完整，配色不舒适
交　流	能清楚地详细介绍本组设计理念、整体造型及技法的应用	能介绍本组设计理念、整体造型及技法的应用	仅能说明本组开展活动的情况

软陶的设计与制作

适用年段：小学　　建议时间：120 分钟

活动目标

感知软陶，了解其特点，学会软陶制作的基本造型方法；从简单造型开始，掌握一定技术后，创造性地造型并烘烤成软陶作品，实现自己的创意，感受软陶的艺术魅力。

活动准备

材料：教学课件、不锈钢棒、直尺、美工刀、六色软陶、白瓷砖、竹签、刷子、烤箱、纸、笔及其他活动所需材料。

场地：软陶馆。

活动实施

1.情境导入

教师出示已制作好的软陶作品供学生观察，引导学生说出软陶的特点并予以总结。

2.知识预备

教师出示图片或者实物，引导学生了解软陶的发展历史及现状，认识软陶制作的基本工具。

(1)竹签：扎孔、切割等。

(2)美工刀：用于软陶泥的切割、划分。

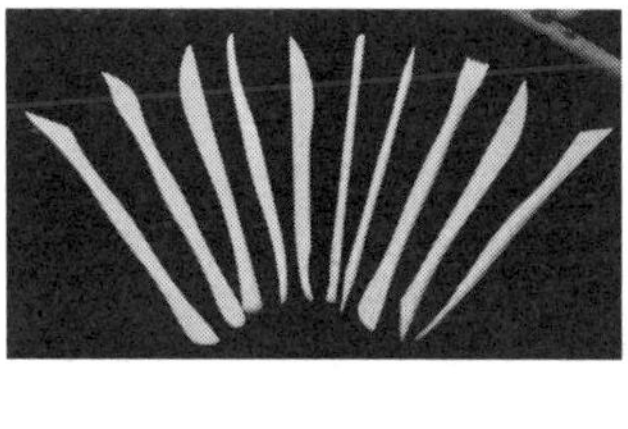

(3)不锈钢棒:用于泥的碾压、揉和,制作泥片。

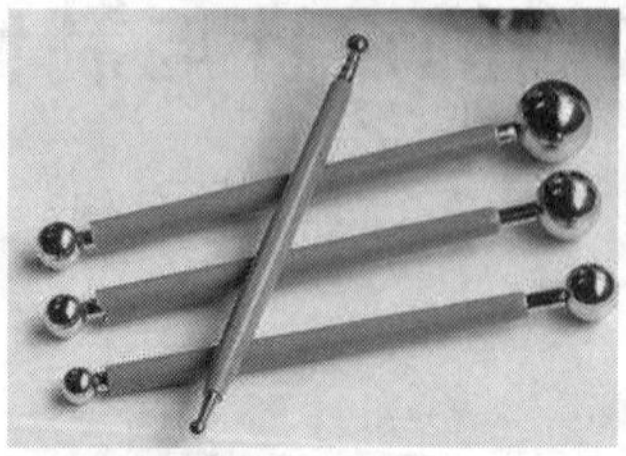

(4)白瓷砖:理想的工作台面,不黏、耐割、易清洗。

(5)烤箱:软陶成型需要烤箱进行烘烤,一般在 120 度烘烤 10 分钟左右。

3.重点解析

教师出示由软陶制作的入门作品视频教程及图片,使学生了解软陶的基本操作方法。

(1)巧克力。

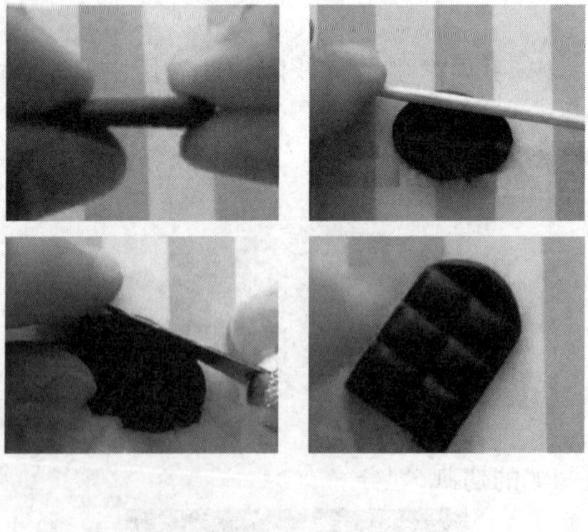

(2)蝴蝶结。

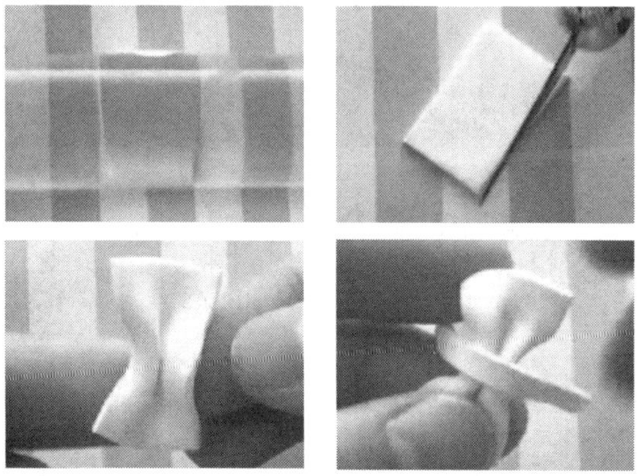

(3)饼干。

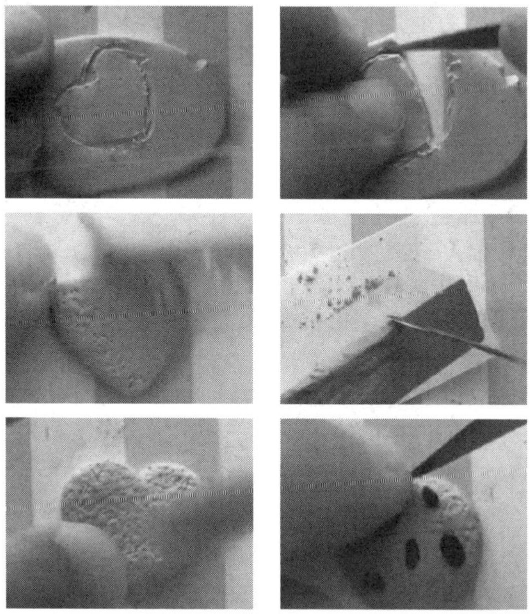

(4)蛋糕。

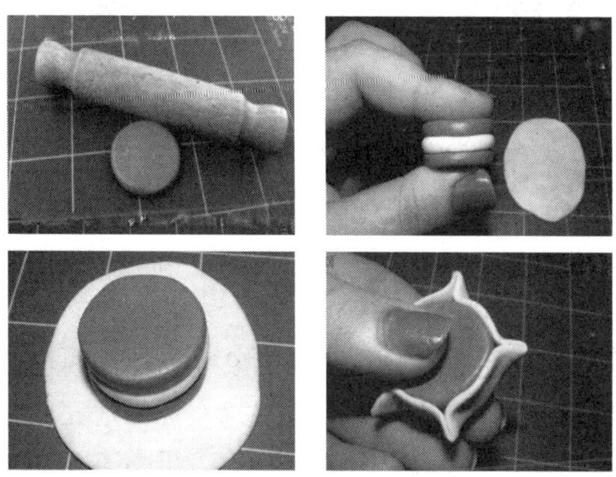

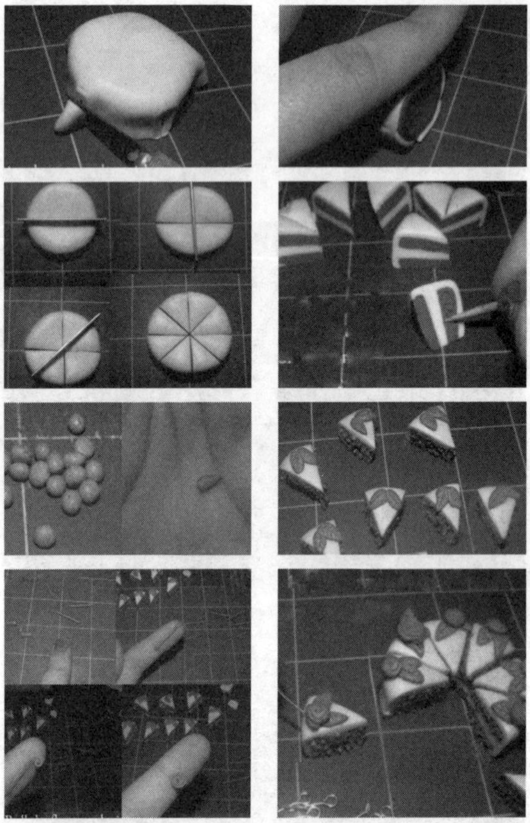

(5)糖果。

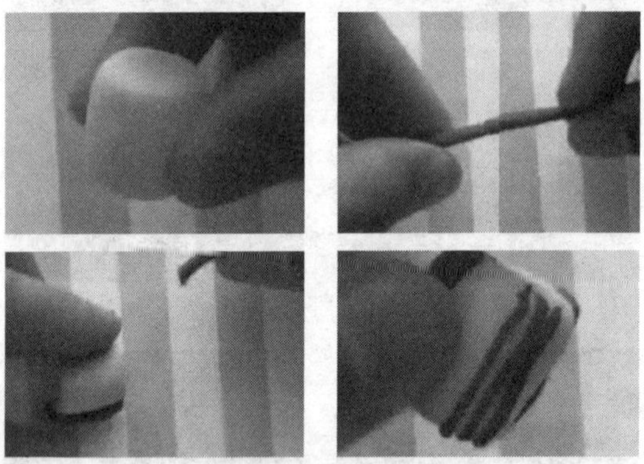

指导建议:教师在播放视频时可进行解说,帮助学生进行理解。

4.布置任务

任务:软陶设计与制作。

要求:(1)小组合作完成主题软陶制作(如食物、动物、卡通、饰品,等等);(2)每个小组至少有5件软陶作品,符合小组主题,外形生动、形象;(3)小组讨论制订小组活动方案(含平面图设计等),安全使用工具,不浪费材料,注意卫生,有计划地完成制作任务。

指导建议:教师可在布置任务前,以小组为单位,在几分钟时间内,要求学生洗手、清洁瓷砖桌面、揉土,然后捏塑出下图中的9种基本形状。学生巩固教师讲解的内容,尽快进入活动状态。

5.制订方案

小组讨论确定任务主题后,制订小组活动方案。

"软陶的设计与制作"小组活动方案表

小组名称:　　　　　　　　　　　　　　　　　　　　　日期:

软陶的特点:
小组主题:
平面设计图:

续表

分　工	任　务	负责人
	作品设计	
	配色选择	
	零件制作	
	拼　接	
	质　感	
	……	
问题及困难：		
改进建议：		

6.任务实施

(1)确定主题:小组讨论,确定软陶制作主题。

(2)领取材料:根据主题,学生有序地领取材料。

(3)草图设计:小组根据主题确定具体制作的软陶作品,将平面设计图画出。

(4)配色选择及制作:根据草图,小组选择合适颜色的软陶进行作品中每一个部件的制作。

(5)拼接:将制作的部件按照草图拼接并形成完整的作品。

(6)添加质感:根据作品特点,为其添加相对应的质感,例如画上花纹等。

活动总结

1.展示与交流

小组代表边展示小组合作完成的软陶作品,并说明小组完成任务的情况,讲解作品的设计理念,叙述活动中运用到哪些策略,交流参加此次活动的感想,尝试与其他组交换作品,分享同学们的设计和制作经验。

2.评价与反思

学生以小组为单位，按照评价表，对其他小组进行评价。

评价表

小组成员：　　　　　　　　　　　　　　　　　　　　　　　　　　总分：

评价项目	评价等级		
	一级(3分)	二级(2分)	三级(1分)
知　识	能准确说出软陶的特点及运用	能大概说出软陶的特点及运用	不能说出软陶的特点及运用
制　作	小组制作的作品数量超过5个，都符合小组主题	小组制作的作品数量为5个，都符合小组主题	小组制作的作品数量不足5个，有的不符合小组主题
实　践	小组制作的软陶作品外形生动、形象，细节到位	小组制作的软陶作品外形较为生动、形象，部分细节没有做到位	小组制作的软陶作品外形不符合实物或者原型，部分细节没有做到位

知识链接

软陶又称塑泥，源于欧洲。所谓“软陶”其实并不是陶，而是一种人工的低温聚合黏土，又称“彩陶”“烧烤黏土”。软陶表面纹饰结构较粗疏，具有高度延展性和可塑性。软陶是一种“必须放进烤箱烘烤成形的土”。不同颜色的土可以聚合、塑造成各种千变万化的图样和形状，可与布类、木材、金属片、贝壳片、玻璃等材质接合使用，创作范围广泛。从外形上看，这种黏土的小包装极其类似橡皮泥，而在烘烤之前的玩法上也与橡皮泥有很多接近的地方。软陶器形和硬陶较接近，软陶是手艺界DIY族的最爱。

1.软陶特点：(1)色彩饱满、鲜艳、质感细腻；(2)软陶塑造的卡通人物表情生动，极具趣味性；(3)防水、防霉、不褪色、不变形；(4)无毒无味、环保健康。

2.软陶的制作要领

软陶制作要领

- (1)软陶制作前，用肥皂洗净双手和工作台面
- (2)如果软陶材料黏手或黏台面，可以使用护肤乳清洗手和台面
- (3)如使用模具，可在模具中撒些爽身粉，以免粘连
- (4)操作不同色彩的软陶材料时，需要重新清洗双手及工作台面
- (5)软陶材料在未经烘烤前，都要用保鲜膜包裹保存
- (6)天冷时软陶材料易变硬，揉制费力，可用温水浸泡或用手心加热
- (7)气温太高时软陶材料易变软，捏制不易成型，可用冷毛巾降低手心温度
- (8)烘烤软陶温度与时间控制：遵循“缓慢升温或降温”的原则，烤完留几分钟散热，再开箱取物。通常设定烘烤温度为120~150摄氏度，达到预定温度后，烘烤10分钟左右，但还应视作品厚度、大小、土的软硬来设定烘烤温度与时间
- (9)将不同大小厚薄的作品分类，把相同厚薄的作品放在一起烘烤，对过大过厚的作品，一次烘烤不满意，可烘烤多次直至满意为止
- (10)烘烤时作品置入烤箱内应四面无碍，切勿将作品碰到烤箱壁面，并注意作品与作品之间应留有合适的距离，最好在作品下垫一块磁砖
- (11)软陶工艺操作完成以后，要认真清洗工作台面和双手

“软陶的设计与制作”学习单

[活动目标]

感知软陶，了解其特点，学会软陶制作的基本造型方法；从简单造型开始，掌握一定技术后，创造性地造型并烘烤成软陶作品，实现自己的创意，感受软陶的艺术魅力。

[活动方案]

“软陶的设计与制作”小组活动方案表

小组名称：　　　　　　　　　　　　　　　　　　　　日期：

软陶的特点：
小组主题：

续表

<table>
<tr><td colspan="3">平面设计图(含主要部件、构成方式等):</td></tr>
<tr><td rowspan="7">分　工</td><td>任　务</td><td>负责人</td></tr>
<tr><td>作品设计</td><td></td></tr>
<tr><td>配色选择</td><td></td></tr>
<tr><td>零件制作</td><td></td></tr>
<tr><td>拼　接</td><td></td></tr>
<tr><td>质　感</td><td></td></tr>
<tr><td>……</td><td></td></tr>
<tr><td colspan="3">问题及困难:</td></tr>
<tr><td colspan="3">改进建议:</td></tr>
</table>

[评价与反思]

评价表

小组成员:　　　　　　　　　　　　　　　　　　　　总分:

<table>
<tr><th rowspan="2">评价项目</th><th colspan="3">评价等级</th></tr>
<tr><th>一级(3分)</th><th>二级(2分)</th><th>三级(1分)</th></tr>
<tr><td>知　识</td><td>能准确说出软陶的特点及运用</td><td>能大概说出软陶的特点及运用</td><td>不能说出软陶的特点及运用</td></tr>
<tr><td>制　作</td><td>小组制作的作品数量超过5个,都符合小组主题</td><td>小组制作的作品数量为5个,都符合小组主题</td><td>小组制作的作品数量不足5个,有的不符合小组主题</td></tr>
<tr><td>实　践</td><td>小组制作的软陶作品外形生动、形象,细节到位</td><td>小组制作的软陶作品外形较为生动、形象,部分细节没有做到位</td><td>小组制作的软陶作品外形不符合实物或者原型,部分细节没有做到位</td></tr>
</table>

陶艺礼品交换

适用年段：小学　　建议时间：120 分钟

活动目标

通过陶艺礼品制作，了解并掌握基本的陶艺制作方法和装饰技巧，培养学生的动手能力，提高审美情趣；通过礼品交换活动，培养学生团结、友爱的同窗情谊。

活动准备

材料：水桶、各种陶艺模型、抹布、陶艺制作专用泥、陶磨、泥板、泥塑雕刻刀、彩色颜料、纸、笔及其他活动所需材料。

场地：陶艺馆。

活动实施

1.情境导入

一年一度的元旦即将到来，学校准备举行元旦晚会，其中有一个环节是交换礼品。为了让活动更加有意义，今年学校特别规定，希望大家能够发挥创意，亲手制作一件陶艺作品送给自己的同窗好友。

指导建议：教师可以展示陶艺作品的图片或者真实的陶艺作品供学生欣赏，激发学生的兴趣，培养学生的活动热情。

2.布置任务

任务：以小组为单位，在 45 分钟内，制作一件陶艺礼品。

要求：外形美观、结构完整、充满创意、富有个性、寓意美好。

指导建议：让学生围绕给出的任务提出自己的困惑，教师给予妥善解决。例如，如何雕花，如何加固等。教师了解学生对安全要求、松动处如何处理、操作的先后顺序等问题是否都已弄清楚，若仍然有不清楚的地方，教师可以通过让其他同学演示或亲自演示加以明确。

3.制订方案

(1)构思。

给出 5 分钟时间，每个人都闭眼想象将要制作的陶艺礼品的外观、花纹、颜色、具体步骤，以及制作过程中可能遇到的问题等，并在纸上写下来。

(2)计划。

小组讨论后确定一致意见，并在表格中写下讨论结果。

“陶艺礼品交换”小组活动方案表

小组名称：　　　　　　　　　　　　　　　　　　　　　　日期：

组　长	
设计简图	
所需材料	
基本步骤	
人员分工	
设计制图	
材料供给	
捏塑陶艺	
雕刻上色	
作品演示	

指导建议：学生对工具使用的方法以及安全事项要有明确的了解，熟悉材料的性状及使用方法，为制作活动做好充分的准备。教师要引导学生设计方案，鼓励学生发挥想象力，自行设计、创作独特的陶艺作品。

4.任务实施

各小组分工协作，在规定的时间里，按照各自的设计方案动手操作。

指导建议：提醒学生在活动过程中不嬉戏打闹，避免让泥水弄脏自己或他人衣物。动手实践是综合实践活动的一个重要环节。雕塑过程就是让学生运用逻辑思维，能完成从部分到整体的捏制。学生按照成品图及制作步骤进行制作，教师从捏制的基本技术操作规范、安全、时间、分工、学生兴趣度来进行指导，不对实际的制作过程进行技术指导。

活动总结

1.展示与交流

学生将完成的作品命名并整理好，每个小组推荐一名成员进行作品展示。从陶艺的设计、礼品蕴含的寓意、发现的问题、如何解决问题、还没解决的问题等方面进行说明（每人3分钟）。

指导建议：教师对不同作品进行点评，指导学生如何欣赏等，尽量寻找作品中的亮点，鼓励学生大胆尝试与动手。

2.评价与反思

根据评价表，对各小组展示结果进行评价。

评价表

小组成员：　　　　　　　　　　　　　　　　　　　　　　　　　　总分：

评价项目	评价等级		
	一级(3分)	二级(2分)	三级(1分)
规　划	通过讨论，能有效地规划设计任务方案、步骤、分工	学生能够进行方案规划，但方案规划中个别任务分配不够合理	方案规划较为混乱，分工不明确，步骤不明晰
实　践	能按照方案熟练进行陶艺礼品的制作，作品外形美观、充满创意、富有个性、寓意美好	能够完成陶艺礼品的制作，但作品外形简单、结构不完整、缺乏寓意	未能完成陶艺礼品的制作
合　作	小组在规定时间内较早完成任务，分工明确，合作顺利，乐于分享	小组在规定时间内及时完成任务，分工明确，合作顺利	小组未能在规定时间内完成任务，分工不明确，或激发矛盾等

教师组织小组讨论，对整个活动过程进行总结。小组内部参照事前制订的目标计划，结合已获得的知识，进行产品改进，检验是否达到了预期的目标，如果没有，应讨论原因并记录下来，并且每人都要提出自己的改进计划。

“陶艺礼品交换”学习单

[活动目标]

通过陶艺礼品制作，了解并掌握基本的陶艺制作方法和装饰技巧，培养学生的动手能力，提高审美情趣；通过礼品交换活动，培养学生团结、友爱的同窗情谊。

[活动方案]

“陶艺礼品交换”小组活动方案表

小组名称：　　　　　　　　　　　　　　　　　　　　　　　　　　日期：

组　长	
设计简图	

续表

所需材料	
基本步骤	
人员分工	
设计制图	
材料供给	
捏塑陶艺	
雕刻上色	
作品演示	

[评价与反思]

评价表

小组成员： 总分：

评价项目	评价等级		
	一级(3分)	二级(2分)	三级(1分)
规　划	通过讨论，能有效地规划设计任务方案、步骤、分工	学生能够进行方案规划，但方案规划中个别任务分配不够合理	方案规划较为混乱，分工不明确，步骤不明晰
实　践	能按照方案熟练进行陶艺礼品的制作，作品外形美观、充满创意、富有个性、寓意美好	能够完成陶艺礼品的制作，但作品外形简单、结构不完整、缺乏寓意	未能完成陶艺礼品的制作
合　作	小组在规定时间内较早完成任务，分工明确，合作顺利，乐于分享	小组在规定时间内及时完成任务，分工明确，合作顺利	小组未能在规定时间内完成任务，分工不明确，或激发矛盾等

模拟法庭——抢劫案庭审

适用年段：小学　　建议时间：120 分钟

活动目标

通过查阅资料，了解抢劫罪的相关法律法规，能够进行分工扮演法庭角色，经历法庭调查、法庭辩论、被告人陈述及法庭审判等流程，运用刑事法律法规完成一起抢劫案件的模拟庭审，预防刑事犯罪行为，加强自身法律意识，养成遵纪守法的好习惯。

活动准备

材料：纸、笔、计算机、案情剧本、与活动有关的 PPT 文件、导入视频或图片及其他活动所需材料。

场地：模拟法庭。

活动实施

1.情境导入

学生观看青少年抢劫视频，归纳总结视频中青少年违法犯罪的事实，谈谈青少年抢劫犯罪应当受到哪些处罚？青少年抢劫犯罪对自身、家人和社会带来的危害有哪些？如何预防青少年抢劫犯罪？导入今天的活动主题。

2.布置任务

任务：模拟法庭——抢劫案庭审。

要求：(1)根据教师提供的案例，分角色进行模拟庭审；(2)在模拟活动中，务必要以尊重法律的严肃性为前提，不能嬉笑，不能打闹，营造一个真实的法制世界。

3.熟悉模拟法庭流程

教师将庭审流程及各角色任务打印出来分发给学生，让其了解庭审的基本流程及各角色的特点。

4.制订方案

各小组按照以下表格进行合理分工，填写相应内容。

“模拟法庭——抢劫案庭审”小组活动方案表

小组名称：　　　　　　　　　　　　　　　　　　　　日期：

所需工具与材料	
活动策略（开展活动的方法、步骤等）	
角色扮演具体安排（审判长、审判员等）	

续表

案件类型	
案情介绍	
开庭准备	
模拟法庭庭审流程及记录	
人员分工、注意事项、其他预案	

5.案情介绍

学生搜集整理一个抢劫案例或者教师出示示范案例，学生分析案情，根据案情实施及相关证据的罗列，查找法律法规，寻找本案适用的实体法及程序法依据。模拟法庭各参加人员阐述各自“角色构想”及其“角色应对”。

指导建议：以下是抢劫案例，教师可带领学生进行案情分析，为后面学生进行模拟法庭活动做准备。2015 年 11 月 21 日凌晨，在被告人陈某与梁某的共同提议及组织分工下，其伙同被告人李某等 5 人(其余 2 人均另案处理)在某市某出租屋内密谋抢劫出租车司机作案，后由被告人李某先后与梁某分别外出物色作案目标未果。凌晨 5 时许，李某再次与梁某在该市某社区医院以租车到 A 小区为由，将事主任某骗到 A 小区，由李某看守任某，而梁某回到出租屋告知陈某等人，后陈某、李某、梁某等人持铁水管和刀具追打事主任某，其间事主任某拿出其一台仿诺基亚 N95 手机欲打电话报警，陈某遂趁机将事主的手机抢走。事后，被告人陈某等人将上述抢得的手机进行销赃，得款 100 元。经法医鉴定，事主任某全身多处软组织擦伤及左手背受轻伤。2015 年 11 月 25 日，公安机关在其出租屋内将被告人陈某、李某、梁某等人抓获归案。

6.征集角色与演练

学生根据自己个性及兴趣，通过自主决定、同学间协商确定或教师指定等方式分配模拟法庭的各参加者名额，阵容组成后，由学生根据自己在模拟法庭中出任的角色，进行角色模拟，教师予以指导。

指导建议：有角色任务的学生针对案例进行合作、练习，教师跟踪指导，明确模拟时的要求、注意点。没有具体角色的同学，自愿参与到各个不同的角色中，协助他们进行资料搜集，以及案情、角色分析。

7.模拟法庭庭审

在开庭审理之前，学生对各自担当的角色做好充分的准备工作，确保庭审程序准确到位，环环相扣；由参加模拟法庭的学生自主组织法庭审理，教师充当旁听人员；学生按照法庭庭审程序及小组模拟庭审方案表进行模拟法庭体验。模拟法庭庭审包含以下过程：调查阶段、辩论阶段、法庭宣判阶段。

指导建议：模拟法庭庭审体验活动过程中，学生务必要严肃对待，不能嬉笑打闹，以尊重法律为前提，营造一个真实的法治世界。

活动总结

1.展示与交流

学生以小组为单位，围绕模拟法庭继续开展讨论，对小组活动中的表现进行评价，并分享活动中的感受。

指导建议：教师就活动中的一些现象进行引导，如你在本次模拟庭审中学到了哪些知识？对各小组案例的判决，你觉得合理吗？为什么？活动过程中我们遇到了哪些困难？

2.评价与反思

学生以小组为单位，按照评价表，对其他小组进行评价。

评价表

小组成员： 总分：

评价项目	评价等级		
	一级(3分)	二级(2分)	三级(1分)
合　作	能依据组员特长，协商安排角色扮演，分工合理，具有较强的团队合作精神	能讨论安排角色扮演，分工合理，具有团队合作意识	未能协商安排角色扮演，态度不积极，小组成员不能够相互配合
实　践	能按计划有序开展活动，资料信息搜集全面，模拟庭审各环节准备充分，庭审中叙述清晰明白、辩论逻辑性强，宣判量刑得当，顺利完成任务	能按计划开展活动，资料信息搜集较为全面，模拟庭审各环节准备较为充分，庭审中叙述、辩论清楚，宣判量刑得当	未能有序开展活动，资料信息搜集不全面，模拟庭审各环节准备不足，庭审中叙述、辩论含糊不清
交　流	汇报材料准备充分，能有条理、准确表达活动感悟与体会	汇报材料准备较为充分，能有条理表达活动体会	汇报材料准备不充分，叙述含糊不清

知识链接

庭审具体流程,供参考:

(1)庭审流程

①书记员核对当事人情况。

②书记员宣布起立,法官进入。

③法官介绍案件基本情况(合议庭组成、原被告、案由等)。

④原告宣读起诉书,从诉讼请求开始读。

⑤被告宣读答辩意见。

⑥法官可以提问,归纳辩论焦点。

⑦法庭调查,证据交换。原告出示第一组证据,说明证明内容,传递给被告质证,被告发表质证意见(一般从证据真实性和证明内容两方面说,比如真实性无异议,但所证明内容有异议之类的)。然后第二组,被告出示。

⑧法庭辩论,原告先说,被告后说,主要是对有争议的事实进行说明。

⑨法官询问调节与否,不调节就宣判。

(2)角色任务

• 审判长、审判员

审判长、审判员是就具体的个案审理过程而言的,也就是组成合议庭或独任庭的。法官是国家公务员系列,是分级别的。在法院中,主体是法官。在个案审理中,由法官与陪审员组成合议庭,由法官担任审判长进行审理。一个法官在这个案子中可能是审判长,在另一个案子中可能是审判员。

其中审判长主要担任以下职责:

①担任案件承办人,或制定合议庭其他成员担任案件承办人;

②组织合议庭成员和有关成员做好庭审准备及相关工作;

③主持庭审工作;

④主持合议庭对案件进行评议,作出裁决;

⑤对重大疑难案件和与合议庭意见有重大分歧的案件,按照规定程序报请院长提交审判委员会讨论决定;

⑥依照规定权限审核、续发诉讼文书;

⑦依法完成其他审判工作。

• 书记员

书记员在庭审过程中主要承担以下工作:

①办理庭前准备过程中的事务性工作;

②检查开庭时诉讼参与人的出庭情况,宣布法庭纪律;

③担任案件审理过程中的记录工作;

④整理、装订、归档案卷材料;

⑤完成法官交办的其他事务性工作。

● 陪审员

陪审员的主要职责包括以下几点：

①参阅所陪审案件的材料；

②参加案件调查；

③参加合议庭开庭审理案件或案件的调解；

④参加案件评议。

人民陪审员遇有下列情形，有权向院长或审判委员会提出意见和建议：审判活动违反法定程序的；认为案件的事实认定或处理确有错误或者显失公正而在合议庭未能解决的；审判人员未能依法履行职责的；审判人员有其他违法违纪行为的。

● 辩护人

律师担任刑事辩护人的，应当根据事实和法律，提出证明犯罪嫌疑人、被告人无罪、罪轻或者减轻、免除其刑事责任的材料和意见，维护犯罪嫌疑人、被告人的合法权益。

● 公诉人

公诉人的主要职责是对人民检察院提起公诉的案件，代表本院以国家公诉人的身份，出席法庭支持公诉，进一步阐述公诉机关的指控意见，并通过举证、质证和辩论，使合议庭确认公诉机关对被告人的指控，依法宣判被告人有罪并处以相应的刑罚，公诉人还肩负着监督法庭审理案件有无违反法律规定的重要职责。

● 被告人

被公诉机关指控涉嫌犯罪的当事人称为“被告人”。

● 法警

司法警察，我国简称为法警，包括人民检察院和人民法院的司法警察，主要进行一些送达法律文书，提押嫌疑人以及强制执行等对司法机关（人民法院、人民检察院）司法行为的辅助（被辅助的）行为。

“模拟法庭——抢劫案庭审”学习单

［活动目标］

通过查阅资料，了解抢劫罪的相关法律法规，能够进行分工扮演法庭角色，经历法庭调查、法庭辩论、被告人陈述及法庭审判等流程，运用刑事法律法规完成一起抢劫案件的模拟庭审，预防刑事犯罪行为，加强自身法律意识，养成遵纪守法的好习惯。

［活动方案］

“模拟法庭——抢劫案庭审”小组活动方案表

小组名称：　　　　　　　　　　　　　　　　日期：

所需工具与材料	
活动策略（开展活动的方法、步骤等）	

续表

角色扮演具体安排(审判长、审判员等)	
案件类型	
案情介绍	
开庭准备	
模拟法庭庭审流程及记录	
人员分工、注意事项、其他预案	

[评价与反思]

评价表

小组成员:　　　　　　　　　　　　　　　　　　　　　　　　　　总分:

评价项目	评价等级		
	一级(3分)	二级(2分)	三级(1分)
合　作	能依据组员特长,协商安排角色扮演,分工合理,具有较强的团队合作精神	能讨论安排角色扮演,分工合理,具有团队合作意识	未能协商安排角色扮演,态度不积极,小组成员不能够相互配合
实　践	能按计划有序开展活动,资料信息搜集全面,模拟庭审各环节准备充分,庭审中叙述清晰明白、辩论逻辑性强,宣判量刑得当,顺利完成任务	能按计划开展活动,资料信息搜集较为全面,模拟庭审各环节准备较为充分,庭审中叙述、辩论清楚,宣判量刑得当	未能有序开展活动,资料信息搜集不全面,模拟庭审各环节准备不足,庭审中叙述、辩论含糊不清
交　流	汇报材料准备充分,能有条理、准确表达活动感悟与体会	汇报材料准备较为充分,能有条理表达活动体会	汇报材料准备不充分,叙述含糊不清

变废为宝

适用年段：小学　　建议时间：60 分钟

活动目标

了解垃圾对人类生存环境的危害，增强环保意识；利用收集的废弃物，制作出有新用途的物品，提高动手实践能力；学会废弃物的再利用，养成爱护环境的好习惯。

活动准备

材料：笔、纸、直尺、易拉罐、塑料瓶、废报纸、废弃薯片盒、废旧电线、废布条、硬纸板、剪刀、小刀、针线、双面胶、透明胶、彩笔、海绵及其他活动所需材料。

场地：节能环保馆。

活动实施

1.情境导入

教师出示有关垃圾的图片，提问学生垃圾的危害，我们能通过什么方式为处理垃圾献出一份自己的力量，引出废弃物再利用的概念。

2.知识探究

教师出示几类废弃物再利用的图片，提问学生再利用后的物品可以节约哪类资源，它们的环保理念有哪些。

（1）废弃纸箱制作计算机散热器。

(2)废弃塑料瓶制作花形灯罩。

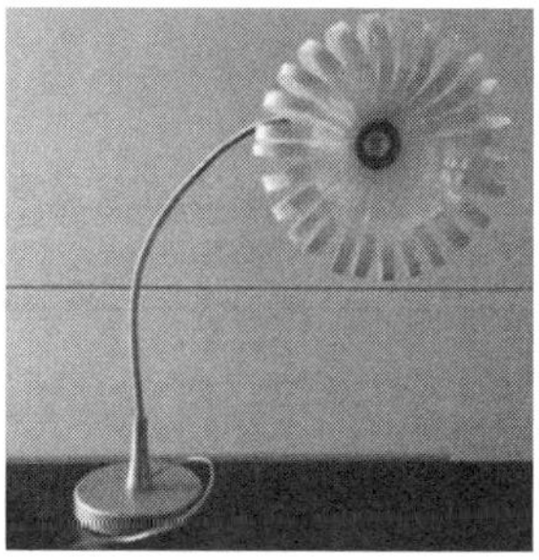

(3)废弃薯片盒制作存钱罐。

(4)旧报纸制作纸篮。

(5)废弃易拉罐制作灯笼。

3.布置任务

任务:小组合作,选择废弃物,进行手工艺品创作。

要求:(1)小组合作完成手工艺品;(2)选择的废品运用充分,不浪费,体现出环保理念;(3)作品富有创意并造型美观,尽量与教师出示图片不一致。

4.制订方案

明确任务和要求,小组需要充分讨论、交流,提出问题和困难,商量如何加以解决并确定小组活动方案,制订小组活动方案表。

指导建议:学生在讨论制订方案时,老师需巡视查看,对设计有困难的小组要予以适当引导。

“变废为宝”小组活动方案表

小组名称: 日期:

<table>
<tr><td>草　图</td><td colspan="3"></td></tr>
<tr><td>所需工具</td><td colspan="3"></td></tr>
<tr><td>环保理念</td><td colspan="3"></td></tr>
<tr><td>所需原材料</td><td colspan="3"></td></tr>
<tr><td colspan="4">人员分工</td></tr>
<tr><td>绘　图</td><td></td><td>粘　贴</td><td></td></tr>
<tr><td>裁　剪</td><td></td><td>其　他</td><td></td></tr>
</table>

5.任务实施

小组按照活动方案,合作制作手工艺品。

(1)理念创新:学生思考运用怎样的环保理念进行手工艺品制作,所用废品可以节约哪些资源。

(2)草图设计:根据小组思考理念,设计手工艺品草图。

(3)作品制作:根据草图,小组选择材料,制作手工艺品。

指导建议:教师在小组制作过程中进行巡视,有不安全的地方需立即提醒学生并予以纠正。

活动总结

1.展示与交流

学生以小组为单位,展示本组作品,介绍作品的特点,并分享作品制作过程中的心得和体会,以及本作品的环保理念。

指导建议:学生在教师的引导下,对活动中的一些现象进行讨论,如你觉得哪个小组的手工艺品制作创意比较吸引你？为什么？你受到了什么启发？你们小组在活动过程中碰到了什么困难，你们是如何解决的？你觉得其他小组哪些地方做得比较好？你觉得你应该从哪些方面来保护自然环境？等等。

2.评价与反思

学生以小组为单位，按照评价表，对其他小组进行评价。

评价表

小组成员：　　　　　　　　　　　　　　　　　　　　　　　　　总分：

评价项目	评价等级		
	一级（3分）	二级（2分）	三级（1分）
理　念	能有条理地说出教师举例工艺品的环保理念，并在工艺作品中有体现	能较有条理地说出教师举例工艺品的环保理念，并在工艺作品中有部分体现	能较有条理地说出教师举例工艺品的环保理念，但在工艺作品中没有体现
创　作	工艺作品造型美观且有创意，与教师提供图片完全不一样，废品运用充分，不浪费材料	工艺作品造型有创意，与教师提供图片有40%左右类似，废品运用较充分	完全按照教师提供的图片进行工艺品制作

知识链接

垃圾的危害

第一，占地过多。堆放在城市郊区的垃圾，侵占了大量农田，在自然界停留的时间也很长。

第二，污染空气。垃圾是一种成分复杂的混合物。在运输和露天堆放过程中，有机物分解产生恶臭，并向大气释放出大量的氨、硫化物等污染物，其中含有机挥发气体达100多种，这些释放物中含有许多致癌、致畸物。塑料膜、纸屑和粉尘则随风飞扬形成“白色污染”。

第三，污染水体。垃圾中的有害成分易经雨水冲入地面水体，在垃圾堆放或填坑过程中还会产生大量的酸性和碱性有机污染物，同时将垃圾中的重金属溶解出来。垃圾直接弃入河流、湖泊或海洋，则会引起更严重的污染。你看：秦淮河水面上漂着的塑料瓶和饭盒，树枝上挂着的塑料袋、面包纸等，不仅造成环境污染，而且如果动物误食了白色垃圾不仅会伤及健康，甚至会死亡。

第四，火灾隐患。垃圾中含有大量可燃物，在天然堆放过程中会产生甲烷等可燃气，遇明火或自燃易引起火灾。

第五，有害生物的巢穴。垃圾不但含有病原微生物，而且能为老鼠、鸟类及蚊蝇提供食物、栖息和繁殖的场所，也是传染疾病的根源。

“变废为宝”学习单

[活动目标]

了解垃圾对人类生存环境的危害，增强环保意识；利用收集的废弃物，制作出有新用途的物品，提高实践动手能力；学会垃圾的回收和再利用，养成爱护环境的好习惯。

[活动方案]

“变废为宝”小组活动方案表

小组名称：　　　　　　　　　　　　　　　　　　　　　　　　　日期：

<table>
<tr><td>草　图</td><td colspan="3"></td></tr>
<tr><td>所需工具</td><td colspan="3"></td></tr>
<tr><td>环保理念</td><td colspan="3"></td></tr>
<tr><td>所需原材料</td><td colspan="3"></td></tr>
<tr><td colspan="4">人员分工</td></tr>
<tr><td>绘　图</td><td></td><td>粘　贴</td><td></td></tr>
<tr><td>裁　剪</td><td></td><td>其　他</td><td></td></tr>
</table>

[评价与反思]

评价表

小组成员：　　　　　　　　　　　　　　　　　　　　　　　　　总分：

<table>
<tr><td rowspan="2">评价项目</td><td colspan="3">评价等级</td></tr>
<tr><td>一级(3分)</td><td>二级(2分)</td><td>三级(1分)</td></tr>
<tr><td>理 念</td><td>能有条理地说出教师举例工艺品的环保理念，并在工艺作品中有体现</td><td>能较有条理地说出教师举例工艺品的环保理念，并在工艺作品中有部分体现</td><td>能较有条理地说出教师举例工艺品的环保理念，但在工艺作品中没有体现</td></tr>
<tr><td>创 作</td><td>工艺作品造型美观且有创意，废品运用充分，不浪费材料</td><td>工艺作品造型有创意，废品运用较充分</td><td>完全按照教师提供的图片进行工艺品制作</td></tr>
</table>

生　命

SHENGMING

人防漫画大赛

适用年段：小学　　建议时间：90 分钟

活动目标

了解人防工作的意义及重要性，产生对国家、对生命的关爱之情；掌握防空警报的类型及不同类型警报对应的正确逃生手段；运用绘画技能创作人防漫画，通过漫画比赛深入了解人防知识。

活动准备

材料：导入图片或视频，教学课件，黑白漫画工具（如纸、铅笔、橡皮擦、蘸水笔、漫画专用墨水、原稿纸），彩色漫画工具（如水彩纸、水粉纸、彩色颜料、画笔，或马克笔、马克笔专用纸）及其他活动所需材料。

场地：人防馆。

活动实施

1.情境导入

教师播放防空警报的声音，请学生回忆日常生活中听到的防空警报声音是怎样的？在什么情况下会听到防空警报？听到警报后做了哪些反应？组织学生讨论：对于人防，你了解的内容有哪些？教师引导学生观看场馆内展板上的内容，请学生说一说，通过展板上的内容展示，你有哪些新的收获？

2.布置任务

（1）明确任务。

教师分别播放预先警报、空袭警报、解除警报的声音（防空警报是指报知敌空袭的警报信号，可分为预先警报、空袭警报和解除警报。预先警报鸣放要求是鸣 36 秒，停 24 秒，反复 3 遍为一个周期，鸣放时间为 3 分钟；空袭警报鸣放要求是鸣 6 秒，停 6 秒，反复 15 遍为一个周期，鸣放时间为 3 分钟；解除警报鸣放要求是连续鸣放 3 分钟），请学生思考，不同的警报声音给我们的提示是什么？听到不同的警报我们应该采取什么措施？

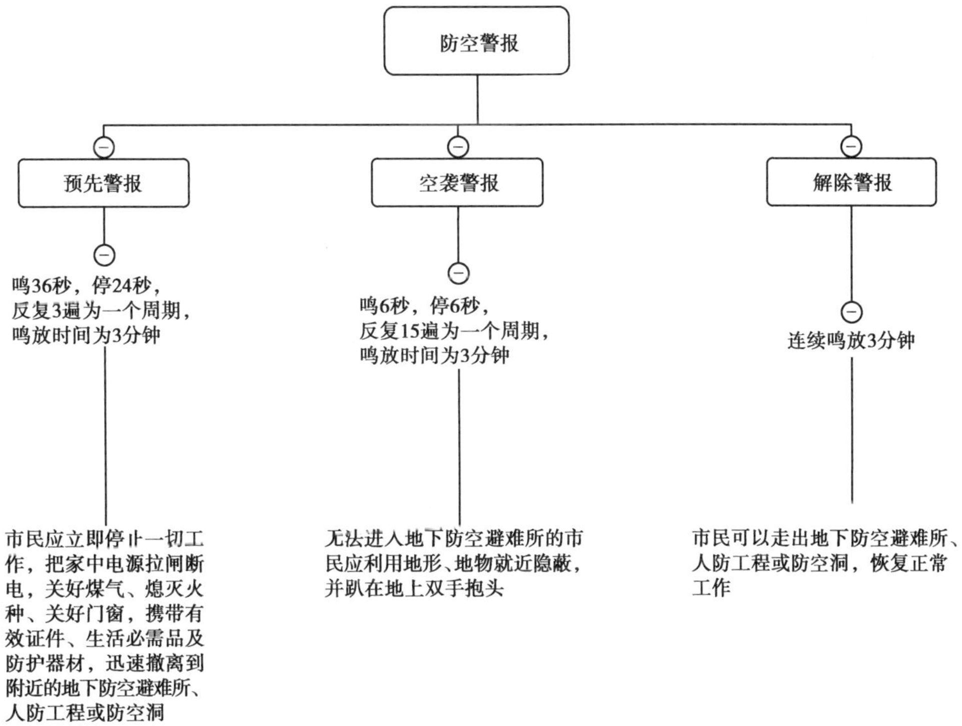

教师宣布人防漫画创作大赛规则，请学生运用漫画的形式将你所知道的人防知识绘制出来。

(2)任务。

绘制人防漫画。

(3)要求。

①学生以小组为单位，创作人防漫画；②作品能够起到人防宣传的作用；③有一定的故事情节，人物特点鲜明；④绘画技巧突出；⑤漫画内容尽量与教师出示范例不同。

3.制订方案

(1)查找资料。

学生针对教师布置的任务，小组合作查询书籍，上网搜索资料、信息，了解人防知识及相关防御措施等。

(2)确定主题。

学生小组讨论，确定创作主题，各成员介绍自己擅长的方面，根据各自优势进行活动内容分工。

“人防漫画大赛”小组活动方案表

小组名称：　　　　　　　　　　　　　　　　　　　　　　　　日期：

小组成员		组　长	
作品名称			
选题依据			
所需工具与材料			
人物设定			
故事脚本			

4.任务实施

(1)创作准备。

各小组根据活动方案及人员分工进行漫画创作前的准备工作，包括绘画材料的选取、漫画的设计思路确定。教师可以提供一些漫画作品给学生作为参考资料。

(2)设计创作。

各小组根据主题内容设计漫画版面格式,确定绘画篇幅,并用铅笔进行初稿设计。完成初稿后,根据各组选择的绘画表现方式进行修改、上色,完成作品定稿。

(3)作品展示。

活动时间结束,各小组轮流展示作品,教师组织学生进行作品评比,选出最佳作品。

指导建议:活动前组成评审小组,提前制订评分规则,评审小组成员不得为自己所在的小组作品进行评分。每个小组的得分去掉最高分、去掉最低分,各评委所打分数相加所得总分除以有效评委人数,结果精确到小数点后两位。

活动总结

1.展示与交流

每个小组派出一名代表说明本小组漫画的选题意义、情节构思、人物设定及创新点。

指导建议:教师组织学生对整个活动过程进行总结,反思自己在整个活动过程中还有哪些做得不足的地方,应该做出怎样的改进,也可以对其他小组表现好的地方提出赞扬与学习。同时,引导学生思考这种艺术表现形式的应用与发展。

2.评价与反思

根据评价表,对各小组活动过程中的表现进行评价。

评价表

小组成员: 　　　　总分:

评价项目	评价等级		
	一级(3分)	二级(2分)	三级(1分)
情　节	情节内容突出人防主题,情节设计符合逻辑,故事具有吸引力	情节内容突出人防主题,情节设计基本符合逻辑,故事较有吸引力	情节内容能表现人防主题,情节设计逻辑较弱,故事平淡
技　能	绘画技巧突出,人物、情境特点鲜明,构图合理,色彩搭配和谐,整体效果美观	绘画技巧运用合理,人物、情境特点鲜明,构图合理,色彩搭配合理,整体效果较好	绘画技巧欠佳,人物、情境特点不明显,构图、色彩搭配需优化,整体效果一般
创　新	作品内容能突出防御方式,情节内容创意新颖,与教师出示范例不同,表现形式独特	作品内容突出防御方式,情节有创意,与教师出示范例有20%左右相同,表现形式较传统	作品仅能突出人防,情节与表现形式无创新,与教师出示范例有60%左右相同

“人防漫画大赛”学习单

[活动目标]

了解人防工作的意义及重要性,产生对国家、对生命的关爱之情;掌握防空警报的类型及不同类型警报对应的正确逃生手段;运用绘画技能创作人防漫画,通过漫画比赛深入了解人防知识。

[活动方案]

"人防漫画大赛"小组活动方案表

小组名称: 日期:

小组成员		组 长	
作品名称			
选题依据			
所需工具与材料			
人物设定			
故事脚本			

[评价与反思]

评价表

小组成员: 总分:

评价项目	评价等级		
	一级(3分)	二级(2分)	三级(1分)
情 节	情节内容突出人防主题,情节设计符合逻辑,故事具有吸引力	情节内容突出人防主题,情节设计基本符合逻辑,故事较有吸引力	情节内容能表现人防主题,情节设计逻辑较弱,故事平淡
技 能	绘画技巧突出,人物、情境特点鲜明,构图合理,色彩搭配和谐,整体效果美观	绘画技巧运用合理,人物、情境特点鲜明,构图合理,色彩搭配合理,整体效果较好	绘画技巧欠佳,人物、情境特点不明显,构图、色彩搭配需优化,整体效果一般
创 新	作品内容能突出防御方式,情节内容创意新颖,与教师出示范例不同,表现形式独特	作品内容突出防御方式,情节有创意,与教师出示范例有20%左右相同,表现形式较传统	作品仅能突出人防,情节与表现形式无创新,与教师出示范例有60%左右相同

网络安全教育

适用年段：小学　　建议时间：120 分钟

活动目标

通过搜集信息，自主探究网络安全教育常识，结合情景剧表演，理解和体会安全利用网络的重要性，知道规避网络危害，树立良好的网络安全意识。

活动准备

材料：计算机、剪刀、双面胶、纸、笔、导入视频或图片，以及其他活动所需材料。

场地：主题活动教室。

活动实施

1.热身

教室播放网络安全教育宣传片《360 青少年网络安全教育工程》，或展示先前学生参加网络安全教育活动的视频或图片，让学生达成积极参与活动的共识。

2.任务要求

任务：网络安全教育的情景剧表演。

要求：(1)在规定时间内，小组合作完成任务；(2)围绕网络安全的类型、成因、危害等相关主题，搜集信息；小组讨论并制订"网络安全教育"小组活动方案(含分工等)。

指导建议：

(1)确保每一位学生都明白任务要点及活动规则；用任务驱动的方式，指导学生对搜集来的信息进行分类整理加工，运用到情景剧表演中，学生真正体会到只有规避网络危害，才能合理有效利用网络。

(2)这一环节，涉及要求、规则较多，学生需要一定时间熟悉，教师需耐心回答学生的提问，确保学生都明确活动规则后再展开后续活动。

3.搜集信息

小组合作，通过查询书籍、上网搜索等方式，围绕网络安全的类型、成因、危害等相关主题，搜集信息。

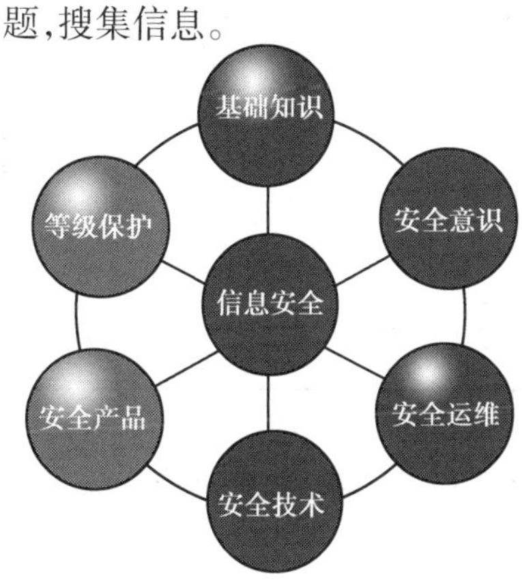

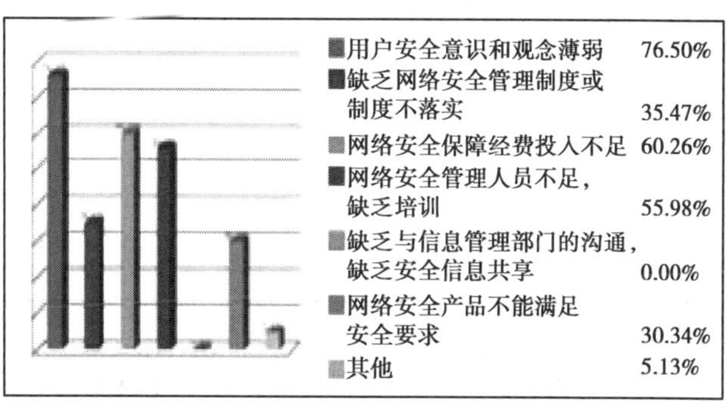

网络安全管理存在的主要问题

指导建议：学生可查找自己感兴趣的网络安全案例及成因、危害，如支付宝账号安全、网络病毒等。

4.讨论问题

5.制订方案

“网络安全教育”小组活动方案表

小组名称：　　　　　　　　　　　　　　　　　　　　　　　　日期：

小组任务		组　长	
所用道具			
特别关注			
剧　名			
表现主题			
故事情节			
活动策略(导演、编剧、造型设计、演员、旁白,排练安排、活动步骤等)			
其　他：			

指导建议：要有充足的时间给各小组排练准备。鼓励学生自制道具，或采用旁白等多种辅助手段，使情景剧更生动。

6.任务实施

各组抽签决定表演情景剧次序后，活动依次展开。活动结束后，依据评委给出的评定分数，评出优胜小组，颁发证书。

情景剧表演规则：

情景剧表演，主题自定，各组自编自导自演，要求表演主题能体现自己对网络安全的认识。可自制道具，也可通过旁白说明使用什么道具即可。每组表演时间不超过 8 分钟。

为了保证公平，评委由各小组派一名同学组成，情景剧表演环节中，评委不能为自己小组评分。

情景剧表演评分标准表

评分项目	分　值
主题明确，内容健康	20 分
演员角色把握准确	20 分
内容完整	20 分
自制道具运用合理	20 分
声音响亮，表达清晰	20 分

活动总结

1.展示与交流

教师引导学生交流参加此次活动的感想，分享自己对网络安全重要性的心得及体会。

2.评价与反思

学生以小组为单位，按照评价表，对其他小组进行评价。

评价表

小组成员：　　　　　　　　　　　　　　总分：

评价项目	评价等级		
	一级（3 分）	二级（2 分）	三级（1 分）
合　作	活动过程中小组成员分工合理，执行力强，具有较强的团队合作精神	活动过程中能够体现团队合作，有执行力，具有团队合作意识	活动过程中，小组成员不能够相互配合

续表

评价项目	评价等级		
	一级(3分)	二级(2分)	三级(1分)
实　践	能按预定活动方案积极开展情景剧表演活动,理解和体会安全利用网络的重要性,并恰当地以情景剧表演的方式呈现,顺利完成任务	能按预定活动方案开展情景剧表演活动,能够体会安全利用网络的重要性,并以情景剧表演的方式呈现,完成任务	活动方案制订不合理,情景剧表演活动开展不顺利
交　流	能有条理地说明活动方案及完成情况,并举例说明遇到的问题及解决办法,准确表达感悟体会	能说明活动方案及完成情况,能回答老师和同学的提问,能表述自己的体会	能说明活动完成情况,能回答老师和同学的提问,叙述不太清晰

"网络安全教育"学习单

[活动目标]

通过搜集信息,自主探究网络安全教育常识,结合情景剧表演,理解和体会安全利用网络的重要性,知道规避网络危害,树立良好的网络安全意识。

[活动方案]

"网络安全教育"小组活动方案表

小组名称:　　　　　　　　　　　　　　　　　　　　　　　日期:

小组任务		组　长	
所用道具			
特别关注			
剧　名			
表现主题			
故事情节			
活动策略(导演、编剧、造型设计、演员、旁白,排练安排、活动步骤等)			
其　他:			

[评价与反思]

评价表

小组成员：　　　　　　　　　　　　　　　　　　　　　　　　　　　　总分：

评价项目	评价等级		
	一级(3分)	二级(2分)	三级(1分)
合　作	活动过程中小组成员分工合理，执行力强，具有较强的团队合作精神	活动过程中能够体现团队合作，有执行力，具有团队合作意识	活动过程中，小组成员不能够相互配合
实　践	能按预定活动方案积极开展情景剧表演活动，理解和体会安全利用网络的重要性，并恰当地以情景剧表演的方式呈现，顺利完成任务	能按预定活动方案开展情景剧表演活动，能够体会安全利用网络的重要性，并以情景剧表演的方式呈现，完成任务	活动方案制订不合理，情景剧表演活动开展不顺利
交　流	能有条理地说明活动方案及完成情况，并举例说明遇到的问题及解决办法，准确表达感悟体会	能说明活动方案及完成情况，能回答老师和同学的提问，能表述自己的体会	能说明活动完成情况，能回答老师和同学的提问，叙述不太清晰

我当小交警

适用年段：小学　　建议时间：90 分钟

活动目标

学习有关交通标志的知识，了解交警手势的意义；小组合作，搜集有关交通标志和交警手势的信息，提高搜集整理资料的能力；模拟交警指挥，感受遵守交通法规的重要性；自觉遵守交通法规，尊敬交警，服从交警的指挥。

活动准备

材料：学习单、水性笔、计时器、展板、交通标志认知系统、模拟交警指挥体验系统。

场地：交通安全馆。

活动实施

1.情境导入

提问与交流：教师播放有关交警指挥视频（画面中出现交警、红绿灯、交通标志），提问学生，通过小视频，你们发现维持正常的交通运行需要什么呢？

（1）交通警察。

交通警察主要负责在道路上执行交通指挥、维护交通秩序、纠正和处罚交通违章行为、处理交通事故、维护治安秩序等工作。

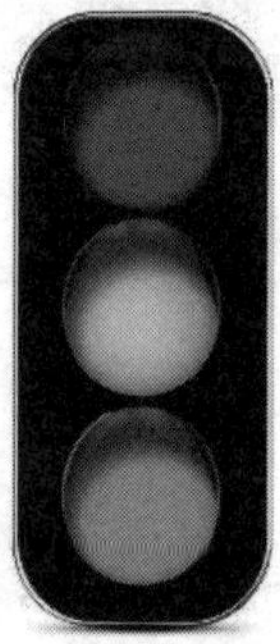

（2）交通信号灯。

在十字路口，四面都悬挂着红、黄、绿三色交通信号灯，它是不出声的“交通警察”。红绿灯是国际统一的交通信号灯。红灯是停止信号，绿灯是通行信号。交叉路口，几个方向来的车都汇集在这儿，有的要直行，有的要拐弯，到底让谁先走，这就要听从红绿灯指挥。

（3）交通标志。

交通标志是用文字或符号传递、引导、限制、警告或指示信息的道路设施，又称道路标志、道路交通标志。在交通标志中一般是以安全、设置醒目、清晰、明亮的方式展现出来。交通标志是实施交通管理，保证道路交通安全、顺畅的重要措施。

2.布置任务

(1)明确任务。

教师提问:我们已经大概了解了交通正常运行所需要的因素,如果你现在要成为一个小交警,你需要学习哪些知识呢?

指导建议:教师此处应引导学生学习交通标志知识与交警手势。

(2)任务。

谁是优秀小交警。

(3)要求。

①至少利用 3 种方式搜集有关交通标志和交警手势的资料。

②小组合作,在 40 分钟内完成有关交通标志和交警手势学习单内容的填写。

③至少涉及 6 种交警手势和 10 种交警标志的详细内容。

④小组推选 4 名代表体验模拟交警指挥,成功人数最多的小组获得“优秀小交警”称号。

指导建议:考虑活动的公平性,每个小组模拟体验时,其他小组体验代表不得旁观。活动结束后可安排小组其他成员进行体验。

3.制订方案

各小组根据实际情况,在组长的带领下,制订详细的活动计划,明确活动安排。

“我当小交警”小组活动方案表

小组名称: 日期:

<table>
<tr><td>小组成员</td><td></td><td>组 长</td><td colspan="2"></td></tr>
<tr><td rowspan="7">研究内容和研究方法</td><td colspan="2">研究方法</td><td colspan="2">研究时间</td></tr>
<tr><td colspan="2"></td><td colspan="2"></td></tr>
<tr><td colspan="4">供参考的研究方法:①展板;
②一体机内图片、视频;
③交通标志认知系统</td></tr>
<tr><td>分 工</td><td colspan="2">职 责</td><td>负责人</td></tr>
<tr><td>组 长</td><td colspan="2">负责本组的领导工作</td><td></td></tr>
<tr><td>活动体验员</td><td colspan="2">负责最后的小组任务评比</td><td></td></tr>
<tr><td>信息采集员</td><td colspan="2">负责资料的采集、处理、整理工作</td><td></td></tr>
</table>

4.执行任务

(1)查找资料。

学生针对教师布置的任务,小组合作利用场馆内的展板,搜集有关交通标志和交警手势的详细资料。

(2)学习单填写。

学生在教师的指导下，根据搜集内容，利用总结能力与图画能力，完成学习单的填写。

(3)“优秀小交警”比拼。

根据总结的交警手势特点，每小组推荐4名代表进行模拟交警指挥。依照屏幕上出现的交通状况进行交警模拟，锻炼学生的应变能力。

活动总结

1.展示与交流

比较各小组的学习单，让每个小组依次给其他组的同学讲解这些交通标志和交警手势的意义，提高学生安全意识，学会自觉遵守交通规则。

2.评价与反思

根据评价表，对各小组活动过程中的表现进行评价。

评价表

小组成员：　　　　　　　　　　　　　　　　　　　　　　　　　总分：

评价项目	评价等级		
	一级(3分)	二级(2分)	三级(1分)
信息搜集	小组成员运用3种及以上方式搜集到有关交通标志和交警手势的信息内容	小组成员运用两种方式搜集到有关交通标志和交警手势的信息内容	小组成员只运用一种方式搜集到有关交通标志和交警手势的信息内容
内容展示	交通标志和交警手势内容全面，涉及6种及以上交警手势和10种及以上交警标志	交通标志和交警手势内容较为全面，涉及4~5种交警手势和8~9种交警标志	交通标志和交警手势内容不全面，涉及3种及以下交警手势和7种及以下交警标志
逻辑思维	交通标志和交警手势所用情景或者场地符合现实生活，思路清晰，逻辑严谨	交通标志和交警手势所用情景或者场地比较符合现实生活，思路比较清晰，逻辑出现了一些混乱	交通标志和交警手势所用情景或者场地不太符合现实生活，思路不清晰，逻辑混乱

“我当小交警”学习单

[活动目标]

学习有关的交通标志知识，了解交警手势的意义；小组合作，搜集有关交通标志和交警手势的信息，提高搜集整理资料的能力；模拟交警指挥，感受遵守交通法规的重要性，自觉遵守交通法规，尊敬交警，服从交警的指挥。

[活动方案]

“我当小交警”小组活动方案表

小组名称：　　　　　　　　　　　　　　　　　　　　　　　　日期：

<table>
<tr><td>小组成员</td><td colspan="2"></td><td>组　长</td><td></td></tr>
<tr><td rowspan="8">研究内容和研究方法</td><td colspan="3">研究方法</td><td>研究时间</td></tr>
<tr><td colspan="3"></td><td></td></tr>
<tr><td colspan="4">供参考的研究方法：①展板；
②一体机内图片、视频；
③交通标志认知系统</td></tr>
<tr><td>分　工</td><td colspan="2">职　责</td><td>负责人</td></tr>
<tr><td>组　长</td><td colspan="2">负责本组的领导工作</td><td></td></tr>
<tr><td>游戏体验员</td><td colspan="2">负责最后的小组任务评比</td><td></td></tr>
<tr><td>信息采集员</td><td colspan="2">负责资料的采集、处理、整理工作</td><td></td></tr>
</table>

记录单

图　像	意　义	所用场地或情景	所属类别（交通标志或交警手势）

续表

图　像	意　义	所用场地或情景	所属类别 （交通标志或交警手势）

指导建议：教师可根据任务要求进行表格行数的增减，此表仅为例表。

[评价与反思]

评价表

小组成员：　　　　　　　　　　　　　　　　　　总分：

评价项目	评价等级		
	一级(3分)	二级(2分)	三级(1分)
信息搜集	小组成员运用3种及以上方式搜集到有关交通标志和交警手势的信息内容	小组成员运用两种方式搜集到有关交通标志和交警手势的信息内容	小组成员只运用一种方式搜集到有关交通标志和交警手势的信息内容
实　践	交通标志和交警手势内容全面，涉及6种及以上交警手势和10种及以上交警标志	交通标志和交警手势内容较为全面，涉及4~5种交警手势和8~9种交警标志	交通标志和交警手势内容不全面，涉及3种及以下交警手势和7种及以下交警标志
逻辑思维	交通标志和交警手势所用情境或者场地符合现实生活，思路清晰，逻辑严谨	交通标志和交警手势所用情境或者场地比较符合现实生活，思路比较清晰，逻辑出现了一些混乱	交通标志和交警手势所用情境或者场地不太符合现实生活，思路不清晰，逻辑混乱

小小军事家

适用年段：小学　　建议时间：90 分钟

活动目标

能够认识坦克、飞机、舰艇、导弹等常规武器装备，大致了解其性能及发展动态；小组合作，制作武器装备卡牌，锻炼信息搜集、绘画与总结能力；加强学生反对外来侵略的防卫意识，认识科技在现代战争中的广泛运用，牢固树立国防意识。

活动准备

材料：白纸、彩笔、直尺、水性笔、计时器、国防科技展示体验系统。

场地：联合馆。

活动实施

1.情境导入

提问与交流：教师利用投影设备播放视频《阅兵大典》中海、陆、空三类武器装备展示环节，提问学生，通过视频，你们发现了哪些类别的武器？你们知道这些武器怎样运用在军事活动中吗？

（1）空中武器装备。

战斗机

（2）陆地武器装备。

坦克

(3)海上武器装备。

航空母舰

2.布置任务

(1)明确任务。

教师提问:我们大概了解了三大类别的武器装备,如果我们身处于一座岛屿,现在有敌军来攻打我们以获取资源,那么,我们该选择哪些武器装备来防御甚至击退敌军呢？我们可以用卡片的形式表现出来吗?

(2)任务。

做出 10 张你需要的武器装备卡片。

(3)要求。

①利用 3 种方式搜集有关武器装备的资料。

②小组合作,在 50 分钟内完成武器装备的选择并且用卡片的形式表现出来。

③涉及海陆空三大类武器装备。

④卡片内容需涉及武器装备名称、外观、性能、选择原因,卡片样式需有创新。

3.制订方案

各小组根据实际情况,在组长的带领下,制订详细的活动计划,明确活动安排。

“小小军事家”小组活动方案表

小组名称： 日期：

<table>
<tr><td>小组成员</td><td></td><td>组　长</td><td colspan="2"></td></tr>
<tr><td rowspan="8">研究内容和研究方法</td><td colspan="2">研究方法</td><td colspan="2">研究时间</td></tr>
<tr><td colspan="2"></td><td colspan="2"></td></tr>
<tr><td colspan="4">供参考的研究方法：①展板；
②武装力量模型；
③AR 设备</td></tr>
<tr><td>分　工</td><td colspan="2">职　责</td><td>负责人</td></tr>
<tr><td>组　长</td><td colspan="2">负责本组的领导工作</td><td></td></tr>
<tr><td>设计员</td><td colspan="2">负责设计卡片外观、颜色搭配、图文格式</td><td></td></tr>
<tr><td>卡片制作员</td><td colspan="2">负责武器装备的选择、卡片的制作</td><td></td></tr>
<tr><td>信息采集员</td><td colspan="2">负责资料的采集、处理、整理工作</td><td></td></tr>
</table>

4.执行任务

（1）查找资料。

学生针对教师布置的任务，小组合作利用场馆内的展板、模型、设备，搜集有关武器装备的详细资料。

(2)选择所需武器。

小组讨论,决定所需武器装备。

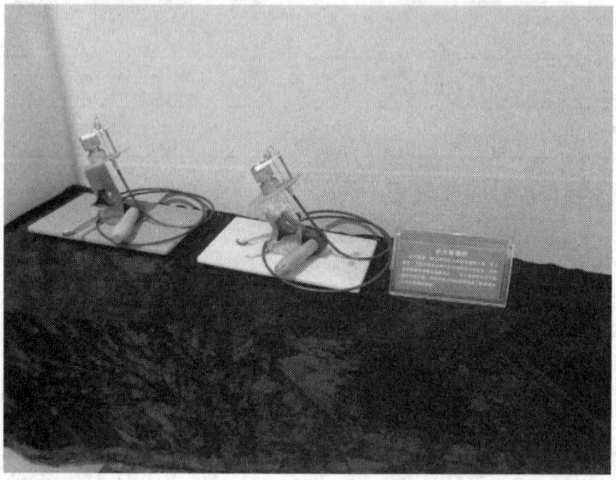

(3)制作卡片。

小组分配任务,制作武器装备卡片。

活动总结

1.展示与交流

比较各小组的武器装备卡片,让每个小组依次给其他组的同学讲解选择这些武器的原因、武器性能以及卡片设计灵感。在交流过程中,教师强调武器装备是决定战争胜负的重要因素,它既可用作侵略的工具,也可用作捍卫自由与尊严的盾牌。今天的世界并不安宁,面对贪婪、扩张与霸权,每一个热爱和平、追求自由的人,都有必要了解武器装备的发展与作用,牢固树立国防意识。

2.评价与反思

根据评价表,对各小组活动过程中的表现进行评价。

评价表

小组成员: 总分:

评价项目	评价等级		
	一级(3分)	二级(2分)	三级(1分)
信息搜集	小组成员运用3种方式搜集到有关武器装备的信息内容,且包含了3种武器装备	小组成员运用两种方式搜集到有关武器装备的信息内容,只包含两种武器装备	小组成员只运用一种方式搜集到有关武器装备的信息内容,只包含一种武器装备
分析推理	能条理清晰地分析出该小组选择武器装备的原因、武器性能以及怎样去运用这些武器,逻辑思维明确,考虑全面	能比较条理清晰地分析出该小组选择武器装备的原因、武器性能以及怎样去运用这些武器,逻辑思维较为明确,只考虑了防御或者攻击	分析了该小组选择武器装备的原因、武器性能以及怎样去运用这些武器,条理不清晰,逻辑思维较混乱,只考虑了防御或者攻击

续表

<table>
<tr><th rowspan="2">评价项目</th><th colspan="3">评价等级</th></tr>
<tr><th>一级(3分)</th><th>二级(2分)</th><th>三级(1分)</th></tr>
<tr><td>卡片制作</td><td>卡片内容涉及武器装备名称、外观、性能、选择原因,颜色搭配合理,样式创新</td><td>卡片内容缺失了一项内容,颜色搭配比较合理,样式部分创新</td><td>卡片内容缺失了两项及两项以上内容,颜色搭配不合理,样式较为死板</td></tr>
</table>

“小小军事家”学习单

[活动目标]

能够认识坦克、飞机、舰艇、导弹等常规武器装备,大致了解其性能及发展动态;小组合作,制作武器装备卡牌,锻炼信息搜集、绘画与总结能力;加强学生反对外来侵略的防卫意识,认识科技在现代战争中的广泛运用,牢固树立国防意识。

[活动方案]

“小小军事家”小组活动方案表

小组名称: 日期:

<table>
<tr><td>小组成员</td><td colspan="2"></td><td>组　长</td><td></td></tr>
<tr><td rowspan="9">研究内容和研究方法</td><td colspan="3">研究方法</td><td>研究时间</td></tr>
<tr><td colspan="3"></td><td></td></tr>
<tr><td colspan="4">供参考的研究方法:①展板;
②武装力量模型;
③AR 设备</td></tr>
<tr><td>分　工</td><td colspan="2">职　责</td><td>负责人</td></tr>
<tr><td>组长</td><td colspan="2">负责本组的领导工作</td><td></td></tr>
<tr><td>设计员</td><td colspan="2">负责设计卡片外观、颜色搭配、图文格式</td><td></td></tr>
<tr><td>卡片制作员</td><td colspan="2">负责武器装备的选择、卡片的制作</td><td></td></tr>
<tr><td>信息采集员</td><td colspan="2">负责资料的采集、处理、整理工作</td><td></td></tr>
</table>

[评价与反思]

评价表

小组成员：　　　　　　　　　　　　　　　　　　　　　　　　　　总分：

评价项目	评价等级		
	一级(3分)	二级(2分)	三级(1分)
信息搜集	小组成员运用3种方式搜集到有关武器装备的信息内容，且包含了3种武器装备	小组成员运用两种方式搜集到有关武器装备的信息内容，只包含两种武器装备	小组成员只运用一种方式搜集到有关武器装备的信息内容，只包含一种武器装备
分析推理	能条理清晰地分析出该小组选择武器装备的原因、武器性能以及怎样去运用这些武器，逻辑思维明确，考虑全面	能比较条理清晰地分析出该小组选择武器装备的原因、武器性能以及怎样去运用这些武器，逻辑思维较为明确，只考虑了防御或者攻击	分析了该小组选择武器装备的原因、武器性能以及怎样去运用这些武器，条理不清晰，逻辑思维较混乱，只考虑了防御或者攻击
卡片制作	卡片内容涉及武器装备名称、外观、性能、选择原因，颜色搭配合理，样式创新	卡片内容缺失了一项内容，颜色搭配比较合理，样式部分创新	卡片内容缺失了两项及两项以上内容，颜色搭配不合理，样式较为死板

毒品种类与危害认识

适用年段：小学　　建议时间：120 分钟

活动目标

了解传统毒品与新型毒品的区别；辨认出常见的毒品；能够说出毒品的危害，并感受毒品对个人、家庭、社会的危害。

活动准备

材料：注射器、警服、医药箱、卡纸、笔、秒表、抢答器、记分牌、活动方案表、活动评价表及其他活动所需材料。

场地：禁毒馆。

活动实施

1.情境导入

(1)导入话题。

教师带领学生参观与吸毒相关的若干展板，例如人吸毒前和吸毒后身体机能的变化及吸毒前后家庭的变化，形成视觉冲击，激发学生对毒品危害的具象认识。在观看过程中，学生认真听、看，并分析，对不理解的地方进行询问、记录。

指导建议：教师可提问进行引导，如吸毒前与吸毒后人的身体结构有什么不一样？吸毒对人体有什么危害？吸毒对家庭、社会有哪些危害等？

(2)项目学习。

教师指导学生通过书籍查阅或网络查阅的方式，查找：①什么是毒品？②什么是新型毒品？

毒品是指国际公约规定的受管制的麻醉药品和精神药品。常见的毒品种类有鸦片类、大麻类、可卡因类、苯丙胺类等。鸦片类毒品主要包括鸦片、吗啡、海洛因等；大麻类毒品主要包括大麻烟、大麻脂、大麻油等；可卡因类毒品包括可卡因、盐酸可卡因等；苯丙胺类毒品主要指苯丙胺类的兴奋剂。另外还有一些其他类型的毒品。

鸦片、海洛因等传统毒品主要是从罂粟等毒品原植物中通过再加工得到的半合成类毒品，而新型毒品大部分是通过人工合成的化学类毒品，所以新型毒品又名“实验室毒品”“化学合成毒品”。同时，因为新型毒品的滥用多发生在娱乐场所，所以又被称为“俱乐部毒品”“休闲毒品”“假日毒品”。

2.布置任务

任务:针对毒品种类与危害开展探究。

要求:围绕毒品种类与危害确定小组探究主题;小组探究结果以知识卡片、禁毒知识海报、PPT 等方式呈现。

3.制订方案

各小组按照以下表格进行合理分工,填写相应内容。

“毒品种类与危害认识”小组活动方案表

小组名称: 日期:

<table>
<tr><td colspan="2">小组成员</td><td></td></tr>
<tr><td colspan="2">探究的主题</td><td></td></tr>
<tr><td colspan="2">展示的方式</td><td></td></tr>
<tr><td colspan="2">需要的工具</td><td></td></tr>
<tr><td>任务分工</td><td>人 员</td><td rowspan="6">备 注:</td></tr>
<tr><td>记录员</td><td></td></tr>
<tr><td>计时员</td><td></td></tr>
<tr><td>发言人</td><td></td></tr>
<tr><td>小记者</td><td></td></tr>
<tr><td>机动</td><td></td></tr>
</table>

指导建议:小组分工的总原则是每人至少承担一项任务,并且须自己签名确认。本次活动的任务分工主要包含记录员、计时员、发言人、小记者(对其他小组提问)等。

4.任务实施

学生根据小组探究主题,搜集资料,展开探究,参考毒品探究主题,如我国禁毒历史;毒品认识(如毒品成瘾机理探究;新型毒品辨别);吸毒的危害性(包括对人体、人格、家庭、后代、社会等);青少年为什么容易染上毒品探究;方法探究:已经吸毒怎么办? 毒品与犯罪相关探究等。

指导建议:学生以小组为单位,汇报小组探究结果,以知识卡片、禁毒知识海报、PPT 等方式对各小组探究结果进行阐述,每小组约 10 分钟。学生如探究罂粟、麻黄草、大麻等的医药价值相关主题,需对这些和毒品进行区分,教师可对学生进行引导。

活动总结

1.展示与交流

学生以小组为单位,依次展示本组探究成果并分享活动过程中的感受。

指导建议:教师就活动中的现象引导学生分享,例如,通过此次活动,我们学到了什么?在活动过程中,我们遇到了哪些问题? 解决了哪些问题? 还未解决哪些问题? 等等。

2.评价与反思

根据评价表,对各小组展示结果进行评价。

评价表

小组成员:　　　　　　　　　　　　　　　　　　　　　　　　　　总分:

评价项目	评价等级		
	一级(3分)	二级(2分)	三级(1分)
信息搜集	能够多渠道运用不同技巧,快速搜集资料,并对资料进行归纳、整理	能够搜集大量信息,但不能对资料进行归纳、整理	搜集的资料较少,不能进行归纳、整理
实　践	整个活动能够合理制订方案,并在规定时间内有序开展毒品种类与危害探究,探究主题突出且深刻	能够在规定时间内展开探究,但探究不够深刻,主题不突出	不能够在规定时间内完成毒品主题探究,不能够很好地阐释主题
合　作	小组分工明确,团队成员相互支持,形成一个整体,团队合作效率高	能够进行小组分工,但个别成员没有和团队相互配合	小组成员间没有体现分工,团队松散,没有形成整体

拓　展

学生可以以漫画、情景剧、故事串串烧、禁毒知识竞赛等方式展开禁毒教育体验活动。

“毒品种类与危害认识”学习单

[活动目标]

了解传统毒品与新型毒品的区别;辨认出常见的毒品;能够说出毒品的危害,并感受毒品对个人、家庭、社会的危害。

[活动方案]

“毒品种类与危害认识”小组活动方案表

小组名称:　　　　　　　　　　　　　　　　　　　　　　　　　　日期:

小组成员	
探究的主题	
展示的方式	
需要的工具	

续表

<table>
<tr><td>任务分工</td><td>人　员</td><td rowspan="5">备　注:</td></tr>
<tr><td>记录员</td><td></td></tr>
<tr><td>计时员</td><td></td></tr>
<tr><td>发言人</td><td></td></tr>
<tr><td>小记者</td><td></td></tr>
</table>

[评价与反思]

评价表

小组成员:　　　　　　　　　　　　　　　　　　　　　　　　　　　　　　总分:

评价项目	评价等级		
	一级(3分)	二级(2分)	三级(1分)
信息搜集	能够多渠道运用不同技巧,快速搜集资料,并对资料进行归纳、整理	能够搜集大量信息,但不能对资料进行归纳、整理	搜集的资料较少,不能进行归纳、整理
实　践	整个活动能够合理制订方案,并在规定时间内有序开展毒品种类与危害探究,探究主题突出且深刻	能够在规定时间内展开探究,但探究不够深刻,主题不突出	不能够在规定时间内完成毒品主题探究,不能够很好地阐释主题
合　作	小组分工明确,团队成员相互支持,形成一个整体,团队合作效率高	能够进行小组分工,但个别成员没有和团队相互配合	小组成员间没有体现分工,团队松散,没有形成整体

霹雳炮

适用年段：小学　　建议时间：60 分钟

活动目标

了解霹雳炮的由来、结构和原理，知道霹雳炮的作用；探究我国武器的种类和杀伤力，体验操作霹雳炮，增强爱国之情。

活动准备

材料：霹雳炮、纸、笔、导入图片、视频及其他活动所需材料。

场地：霹雳炮馆。

活动实施

1.情境导入

教师播放影视片段中狙击手射击的视频片段，让学生说说自己对狙击手的认识，讨论狙击手的职业性质、应具备的能力等。学生观察狙击手使用的武器装备，分享自己知道的武器名称以及作用，教师导出本次活动的主题。

2.知识预备

(1)霹雳炮的历史。

霹雳炮，又称火药火毬，是北宋末年发展起来的火炮，威力巨大，声如霹雳，故称之。教师简单介绍霹雳炮的背景知识。

北宋开宝三年（970年），冯继升发明火箭法

开宝八年（975年），宋朝在攻打灭南唐时使用了“火炮”和“火箭”

1000年，唐福制造了火箭、火球、火蒺藜

1002年，石普制成火球、火箭

靖康元年（1126年），李纲用霹雳炮击退金兵

1958年，我国开始仿制苏联的K-5M空对空导弹，并装备部队的第一种空对空导弹

1963年11月，定型实验成功

1964年4月，国务院特种武器委员会批准“霹雳1号”

（2）霹雳炮器械简介。

教师结合霹雳炮的实物，讲解霹雳炮的结构以及基本性能，学生从大体上了解霹雳炮。

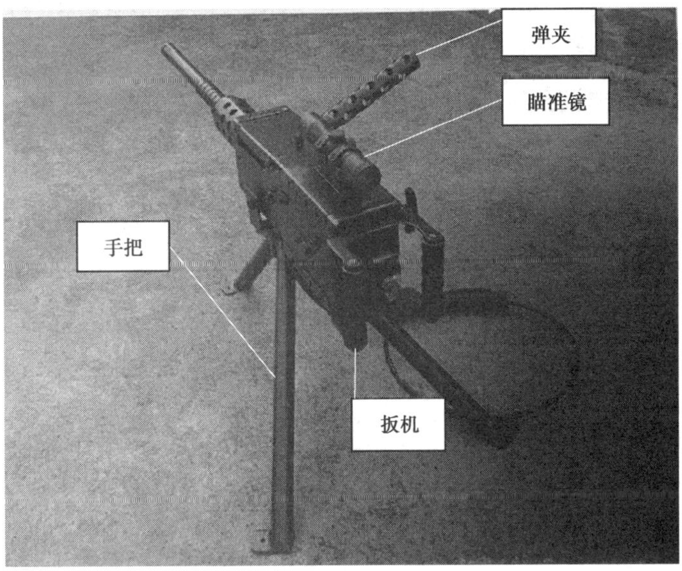

SB-28 型霹雳炮，炮体全部采用精密无缝钢管，只需一根气管连接。该炮采用国内最新技术，整体活塞“反冲压”气动式设计，可以连续发射和点射。

（3）霹雳炮的工作原理。

实际上，霹雳炮是一种火箭弹，即以火箭运载炸弹的火器，是烟火中“双响”的大型化产物，制作方法是在纸筒底部装入发射药，上部再装炸药和石灰。点燃发射药后，装置升空，引燃炸药从天而降，发生爆炸，并散出石灰烟雾来击退敌人。

霹雳1号导弹

3.布置任务

任务:霹雳炮比赛。

要求:(1)遵守活动规则,填写活动方案表;(2)根据比赛规则,完成设计比赛。

比赛规则:

(1)比赛一共分为两轮,全部同学根据霹雳炮的个数分组。

(2)第一轮:小组同学轮流发射,每名同学的分数叠加即为本组的本轮最终成绩。第二轮:各组挑选3名成员参赛,每名成员有两次射击的机会,第一次射击完成后,可选成绩清零,继续第二次射击,取第二轮成绩为最终成绩;或者直接选择第一轮成绩作为第二轮的最终成绩,放弃第二轮射击机会;三名成员累计得分即为小组本轮最终成绩。

4.制订方案

“霹雳炮”小组活动方案表

小组名称:　　　　　　　　　　　　　　　　　　　　　　　　　日期:

活动任务:
有关霹雳炮的疑问:
操作步骤:
操作注意事项:

续表

霹雳炮成绩表			
第一轮			
组　号	姓名+成绩	总　分	名　次
第一组	同学①： 同学②： ……		
第二组			
第三组			
第四组			
……			
第二轮			
组　号	姓名+成绩	总　分	名　次
第一组	同学①： 同学②： ……		
第二组			
第三组			
……			
心得与体会：			

5.任务实施

(1)射击练习。

学生以小组为单位，根据教师指导，操作仪器，轮流进行射击练习。

操作过程：

①打开气泵电源；

②气泵充满后，即可进入霹雳炮场地，检查靶牌是否启动，如未启动，按霹雳炮旁边的红色按钮启动靶牌；

③打开霹雳炮瞄准镜上的防尘罩；

④装入炮弹；

⑤双手握住霹雳炮手把，瞄准目标，听到教师口令后，右手拇指点击扳机发射炮弹。

指导建议：(1)教师提前给气泵充气，把炮弹准备好，检查枪支是否完好；(2)教师强调纪律，学生不能随便打开馆室里仪器的开关，一切行动听指挥；(3)教师强调学生在发射时，不能连续发子弹，气泵气压不够时，不能进行发射。

(2)正式比赛。

学生根据活动任务以及比赛规则,开展霹雳炮射击比赛,填写活动方案表。

活动总结

1.展示与交流

教师搜集活动记录表,统计比赛成绩,选出前三名的小组。分小组总结成功的经验与失败的教训,分享活动过程中的心理感受,说出通过本次活动自己对国家武器以及军事发展的认识。

2.评价与反思

学生以小组为单位,按照评价表,对其他小组进行评价。

评价表

小组成员: 总分:

评价项目	评价等级		
	一级(3分)	二级(2分)	三级(1分)
射 击	能够严格遵守教师的指令,完成霹雳炮射击比赛,且射击成绩进入前三名,完成活动方案表的填写	能够遵守教师的指令,完成霹雳炮射击比赛,且射击成绩居中,完成大部分活动方案表的填写	未能遵守教师的指令,完成霹雳炮射击比赛,但射击成绩垫底,未完成活动方案表的填写
表 达	能够有条理、有逻辑地分享活动感受,说出自己对新式武器及军事发展的观点和看法	能够说出自己对新式武器及军事发展的观点和看法	无法准确分享活动感受

“霹雳炮”学习单

[活动目标]

了解霹雳炮的由来、结构和原理，知道霹雳炮的作用；探究我国武器的种类和杀伤力，体验操作霹雳炮，增强爱国之情。

[活动方案]

“霹雳炮”小组活动方案表

小组名称： 日期：

<table>
<tr><td colspan="4">活动任务：</td></tr>
<tr><td colspan="4">有关霹雳炮的疑问：</td></tr>
<tr><td colspan="4">操作步骤：</td></tr>
<tr><td colspan="4">操作注意事项：</td></tr>
<tr><td colspan="4">霹雳炮成绩表</td></tr>
<tr><td colspan="4">第一轮</td></tr>
<tr><td>组　号</td><td>姓名+成绩</td><td>总　分</td><td>名　次</td></tr>
<tr><td>第一组</td><td>同学①：
同学②：
……</td><td></td><td></td></tr>
<tr><td>第二组</td><td></td><td></td><td></td></tr>
<tr><td>第三组</td><td></td><td></td><td></td></tr>
<tr><td>第四组</td><td></td><td></td><td></td></tr>
<tr><td>……</td><td></td><td></td><td></td></tr>
</table>

续表

第二轮			
组 号	姓名+成绩	总 分	名 次
第一组	同学①: 同学②: ……		
第二组			
第三组			
……			
心得与体会:			

[评价与反思]

评价表

小组成员: 总分:

评价项目	评价等级		
	一级(3分)	二级(2分)	三级(1分)
射击	能够严格遵守教师的指令,完成霹雳炮射击比赛,且射击成绩进入前三名,完成活动方案表的填写	能够遵守教师的指令,完成霹雳炮射击比赛,且射击成绩居中,完成大部分活动方案表的填写	未能遵守教师的指令,完成霹雳炮射击比赛,但射击成绩垫底,未完成活动方案表的填写
表达	能够有条理、有逻辑地分享活动感受,说出自己对新式武器及军事发展的观点和看法	能够说出自己对新式武器及军事发展的观点和看法	无法准确分享活动感受

火场逃生演练

适用年段：小学　　建议时间：120 分钟

活动目标

了解消防的概念、地位和作用，以及消防的基本常识；能够依据演练中火警的具体情况，选择恰当的消防器材和其他工具，做出合理的自救与救助他人的策略；能够指出同学在逃生过程中不正确的逃生办法，分析其不正确的原因；培养学生良好的消防安全意识及自救意识。

活动准备

材料：急救假人、仿真电话亭、灭火器、消毒面具、消火栓、网（模拟逃生通道用）、撑网的支架、滑杆及结绳逃生装置（2 米高）、缓降器、活动挂钩、安全气垫、电梯路标、楼梯路标、安全出口路标、棉被、小毛巾、水、秒表、笔、纸、导入视频或图片及其他活动所需材料。

场地：消防逃生馆。

活动实施

1.情境导入

教师播放一则新闻：2010 年 11 月 15 日 14 时，上海市静安区一幢 28 层的公寓楼正在进行外墙改造，大楼突然起火了。在这场大火中，一共有 58 人不幸遇难。想一想：面对火灾，我们该怎样做？我们应该如何逃生？

指导建议：出示火灾幸存者的感言，25 岁女孩，用湿毛巾捂住口鼻，冷静地找到楼梯，弯着腰从 11 楼迅速跑到楼下，安全逃生。教师让学生分析，这位女孩能够自救最成功的地方在哪里？

通过观看火灾视频，让学生感知火灾的无情。教师出示火灾现场和火灾后的图片，引导学生展开讨论：火灾发生时我们应该如何自救？在火场中顺利逃生需要哪些技能？

2.参观场馆

教师组织学生参观消防逃生体验馆，了解火灾、消防相关的资料。教师引导学生思考和讨论，火灾发生的常见原因有哪些？日常生活中存在哪些火灾隐患？应该如何查找火灾隐患，防微杜渐？你知道哪些火灾危险品？生活中的危险品有哪些标志？

3.布置任务

任务:完成一场情境模拟(建议配以紧急状况下的声音、烟雾效果)。

要求:(1)在规定时间内,全组所有同学都能顺利完成逃生任务;(2)救出由教师指定的4~5名在火海中被困人员;(3)必须严格遵守活动规则;(4)可以使用的消防及逃生工具有急救假人、报警电话、灭火器、消火栓、消防面具、棉被、小毛巾、水、缓降器、活动挂钩、绳子、滑杆、安全气垫。

4.活动规则

(1)执行任务过程中不允许放弃任何一名队员,要安全有序、互帮互助。

(2)若组员有受伤等安全事故,该组将取消参加活动的资格。

(3)完成任务所能使用的时间是45分钟,当宣布开始任务时即开始计时。

5.本次演练设置的障碍物口令及其操作规范

(1)口令:教学楼着火了。

逃生员:环顾四周,确认是否属实,然后迅速拨打119,从安全出口逃生。

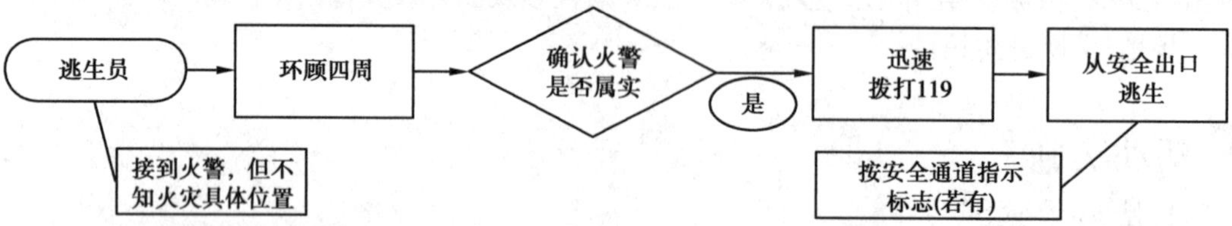

(2)口令:你所在的教室起火了。

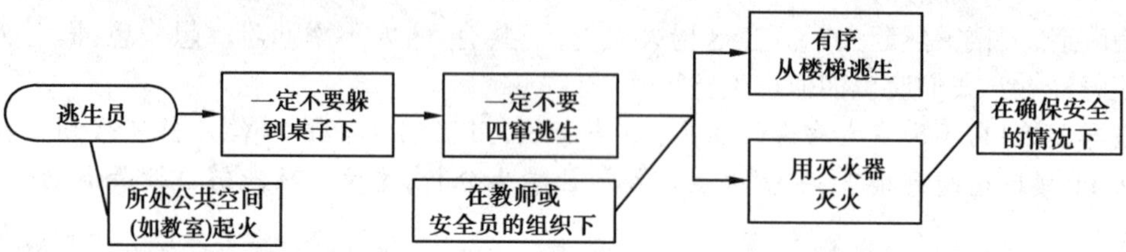

逃生员:注意一定不要躲到桌子下避火或四窜逃生,请在教师或安全员的组织下有序地从楼梯逃生,或在确保安全的情况下用灭火器灭火。

(3)口令:你将通过一片浓烟的教室。

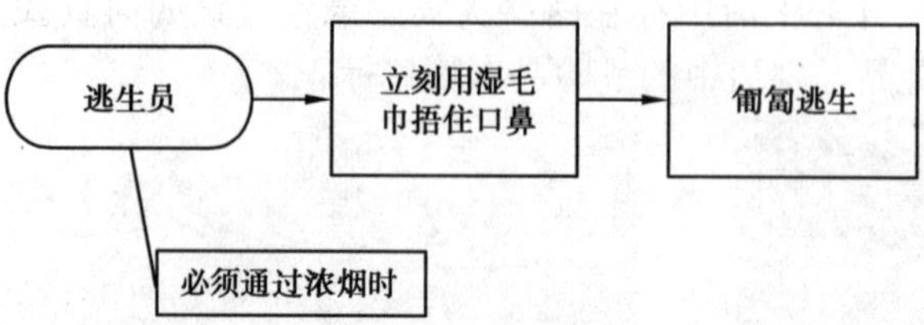

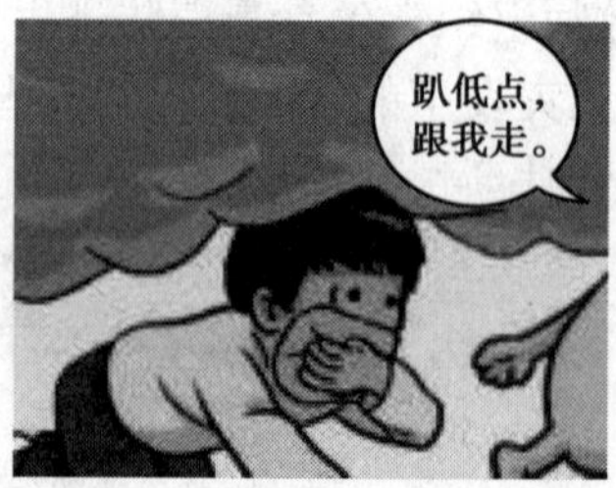

逃生员:队员立刻用湿毛巾捂住口鼻,然后匍匐逃生。

(4)口令:你所在的教室被大火包围了。

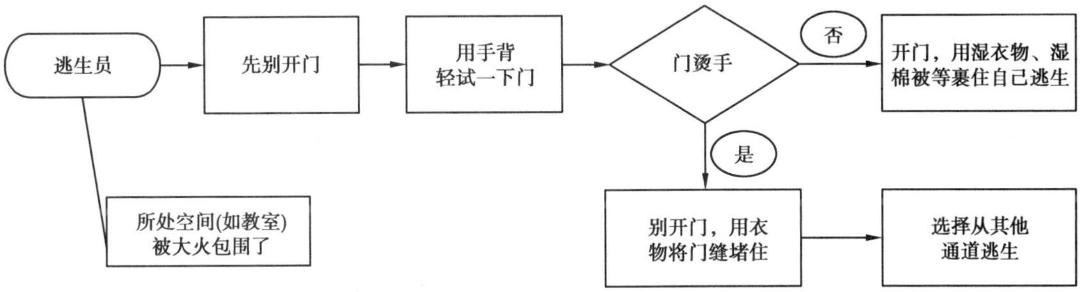

逃生员:用手背轻试一下门,别用手拉开门,如果门是烫的,不能打开,用衣物将门缝堵住,从其他通道逃生;如果门不是烫的,可用湿衣物、湿棉被等裹住自己逃生。

(5)口令:你所在的二楼着火了,火势很猛,所有通道都不能用了,只有窗户可用。

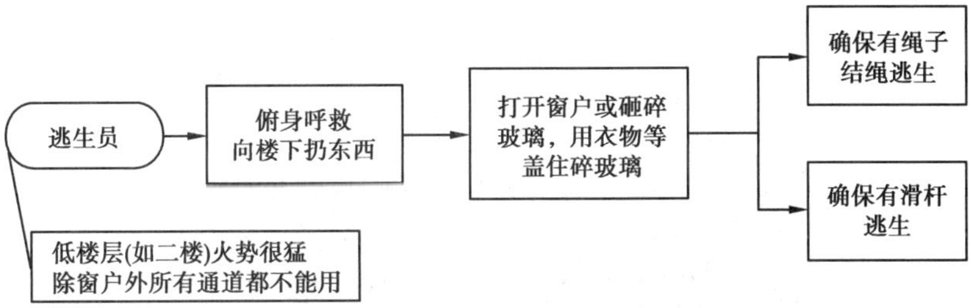

逃生员:俯身呼救,向楼下扔东西引起救援人员注意或打开窗户,如果实在打不开,用东西将窗户砸碎,一定要用衣物、毯子等把碎玻璃盖住,然后确保你有一根绳子,并将其放到窗户外沿着绳子爬下去,不到万不得已不要跳下去。最好在绳子上打结,这样爬下去更容易些(结绳逃生)。

(6)口令:带电梯的教学大厦着火了。

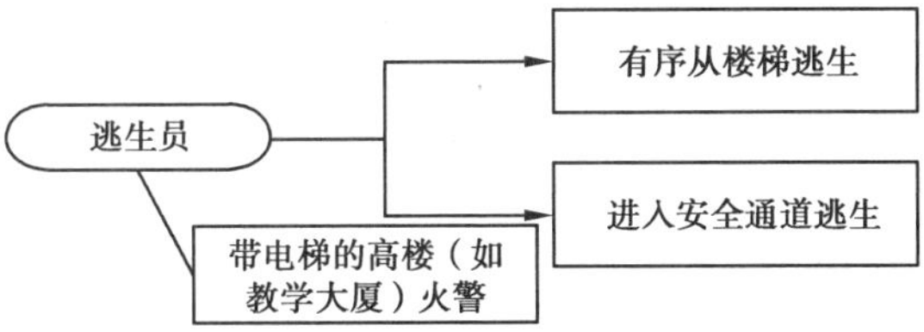

逃生员:队员有序从楼梯逃生,或进入安全通道逃生。

(7)口令:××衣服着火了。

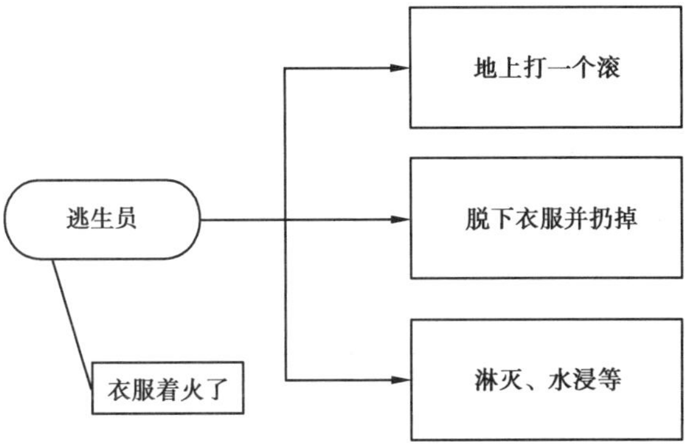

逃生员：在地上打一个滚，或脱下衣服并扔掉，使用消防水袋淋灭、水浸等。

指导建议：教师依需要可增减口令数量，建议将障碍物口令印发给各组。

6.制订方案

(1)搜集资料。

观看触摸屏资料，以及场馆逃生线路图以及不同火情使用不同灭火器的资料，学习火灾逃生自救的方法。

(2)计划。

学生分组，选出组长、副组长，确定本组队名、队口号。小组围成一圈，根据搜集的资料，由队长组织大家讨论完成火灾逃生的方法，以及逃生过程中可能出现的困难及解决的办法，可围绕以下表格展开任务。

“火场逃生演练”小组活动方案表

小组名称：　　　　　　　　　　　　　　　　　　　　　　　　　　　日期：

组　长/副组长	
口　号	
组织员	
安全员	

任务内容	完成任务要点
绳索自救法	
匍匐逃生法	
灭火器灭火	
毛巾捂鼻法	
绳索逃生法	
火场求救法	
……	

指导建议：学生制订活动方案表后，给学生15分钟学习灭火器等相关器材的使用，教师可播放灭火器的使用方法视频，以保证后续活动顺利进行。对学生不了解的任务要点，教师可以进行适当的讲解。

7.任务实施

小组喊出队名、队口号，所有队员拥抱、击掌，相互鼓励，开始火灾逃生演练任务。

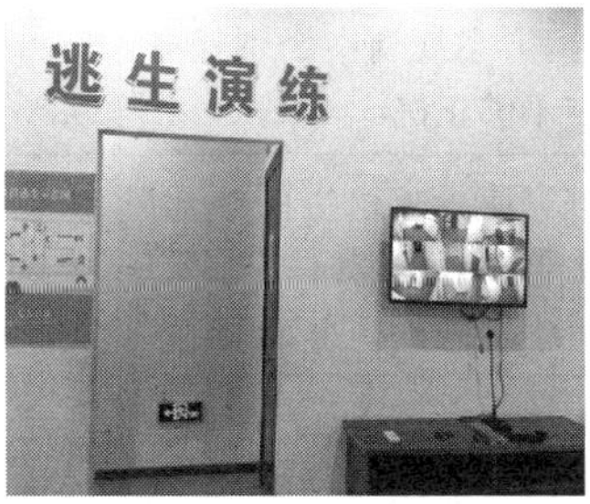

指导建议：在火灾逃生演练中，如需使用灭火器，在使用时不要将灭火器对准自己或他人，以免伤及无辜；在使用灭火器时，要站在上风口。执行任务时，要有序进行，避免人员之间出现推搡现象。

在活动前，教师询问学生是否有身体不适。让学生开展一些热身活动，舒展关节，活动颈、肩、臂、腰、腕和脚踝，每个部位分别做四个“八拍”的准备，各关节要运动开，避免活动过程中关节受伤。

教师需密切注意学生安全和活动秩序，制止危险操作，引导执行任务的小组清晰表达自己的想法，非执行任务小组的成员应认真观察、倾听，辨析哪些做法正确，哪些做法不正确。

活动总结

1.展示与交流

以小组为单位围成一个圈来讨论火灾逃生演练活动的感受。

（1）针对本次活动，对正确和不正确的逃生方法进行评价，肯定正确的逃生方法。

指导建议：在教师的引导下，对活动中的一些现象进行讨论。你觉得你们小组哪些地方做得比较好，哪些地方做得不足？你觉得其他小组哪些地方做得比较好？

（2）针对本次活动，引导学生谈谈心理感受，如同伴互助、心理恐惧、换位思考等。

指导建议：火灾逃生任务中你获得了哪些感受（火海无情、珍爱生命、团队协作、相互帮助、责任意识、换位思考等）。

（3）老师演示并讲解正确的逃生方法及消防器材的使用方法。

指导建议：可以通过观看视频、展板文字及现场演示的方式进行，促进学生将自己的处理方式与正确的方法进行比对。

2.评价与反思

根据评价表，对其他小组进行评价。

评价表

小组成员： 总分：

评价项目	评价等级		
	一级(3分)	二级(2分)	三级(1分)
规　划	通过讨论,能有效总结出火灾逃生任务中的任务要点	能够进行火灾逃生方案规划,但方案规划中个别任务要点不够正确	火灾逃生方案规划较混乱,分工不明确,任务要点不正确
实　践	能按照方案,正确、快速完成火灾逃生任务,灭火器等消防器材使用正确	能够完成火灾逃生任务,但灭火器等消防器材在使用过程中出现一些小错误	未能完成火灾逃生任务,个别同学在活动任务中受伤
合　作	小组成员积极讨论、分工明确	小组成员中个别成员不愿与组内成员积极讨论,但能完成分配的任务	小组成员都不愿进行讨论,不能完成分配的任务

3.总结

教师带领学生对整个活动过程进行总结与反思。让学生说说通过本次活动,自己对火灾、消防有了哪些新的认识,反思如何改进自己在火灾逃生演练中的一些错误行为。

“火场逃生演练”学习单

[活动目标]

了解消防的概念、地位和作用,以及消防的基本常识;能够依据演练中火警的具体情况,选择恰当的消防器材和其他工具,做出合理的自救与救助他人的策略;能够指出同学在逃生过程中不正确的逃生办法,分析其不正确的原因;培养学生良好的消防安全意识及自救意识。

[活动方案]

“火场逃生演练”小组活动方案表

小组名称： 日期：

组　长/副组长	
口　号	
组织员	
安全员	
任务内容	完成任务要点
绳索自救法	
匍匐逃生法	
灭火器灭火	

续表

毛巾捂鼻法	
绳索逃生法	
火场求救法	
……	

[评价与反思]

评价表

小组成员：　　　　　　　　　　　　　　　　　　　　　　总分：

评价项目	评价等级		
	一级(3分)	二级(2分)	三级(1分)
规　划	通过讨论，能有效总结出火灾逃生任务中的任务要点	能够进行火灾逃生方案规划，但方案规划中个别任务要点不够正确	火灾逃生方案规划较为混乱，分工不明确，任务要点不正确
实　践	能按照方案，正确、快速完成火灾逃生任务，灭火器等消防器材使用正确	能够完成火灾逃生任务，但灭火器等消防器材在使用过程中出现一些小错误	未能完成火灾逃生任务，个别同学在活动任务中受伤
合　作	小组成员积极讨论、分工明确	小组成员中个别成员不愿与组内成员积极讨论，但能完成分配的任务	小组成员都不愿进行讨论，不能完成分配的任务

交通法规知识竞赛

适用年段：小学　　建议时间：90 分钟

活动目标

了解交通安全法律法规和注意事项；能够有序组织知识竞赛活动，增强对交通安全知识的进一步掌握。

活动准备

材料：主持人服装、话筒、横幅、姓名牌、交通法规题库及答案、秒表、日记本、铅笔、圆珠笔、荧光笔、矿泉水、签到本、奖品、奖状及其他活动所需材料。

场地：交通安全学习室。

活动实施

1.情境导入

你参加过知识竞赛吗？最近一次观看知识竞赛是什么时候？教师播放类似《一站到底》电视节目的剪辑视频或图片，激发学生对知识竞赛的兴趣，让学生了解知识竞赛的基本形式，明确比赛规则。

2.明确规则

教师给出“交通法规知识知多少”知识竞赛规则：

第一步，参赛选手站成一个圈，选出（或自愿，或抽签）一名选手站在圆圈的中间即守擂者，由守擂者挑选一名参赛选手作为攻擂者来 PK 主持人提出的问题。

第二步，每题限时 15 秒，正在接受挑战答题的同学遇到不会答的题目时，可以求助台下本组的其他同学在答题时间内协助答题。

第三步，本组成员都不会回答题目时，此轮该参赛选手退场，由剩余两位中的一位接替退场选手，重新接受新一轮的 PK。离场选手需要踩破一只气球再离场。

第四步，除第一轮比赛外，每一次挑战成功的选手都要站到圆圈中间成为守擂者，重新选择本组以外的选手作为攻擂者，进行 PK。参赛选手挑战成功一名选手后便可获得一次免答权，但最多只有三次免答权。

第五步，站在圆圈中央的守擂者击退台上所有选手后，可以选择继续与答对题目最多的选手或者其他小组其他成员挑战；也可以选择放弃挑战，直接领取奖品和奖状离场。

指导建议：教师依据具体情况制订知识竞赛规则，也可与学生商量制订共同遵守的规则开展活动。

3.布置任务

任务：开展“交通法规知识知多少”知识竞赛。

要求：(1)围绕交通法规知识，各小组搜集、整理尽可能多的难度适中、信息准确的题目上交主持人（推选 2 名学生做主持人），各小组选出 3 名同学代表本小组上台参加挑战答题，并到主持人处报名登记，领取姓名牌。参赛选手不得参与出题环节。(2)主持人和老师对题目核实,筛选、整理出不少于20道有效题目,并对题目及答案保密。

4.制订方案

(1)讨论问题。

学生围绕知识竞赛、比赛规则、注意事项、交通法规、任务要求等进行讨论,提出自己的问题与困难,商量解决办法。

(2)计划。

充分讨论之后,学生以小组为单位,制订交通法规知识竞赛的方案。制订好方案后,选一位小组代表到前台进行展示汇报,其他小组成员进行补充、完善,以下是参考方案表格。

"交通法规知识竞赛"小组活动方案

小组名称: 日期:

交通法规知识竞赛主题	
交通法规知识竞赛题目与答案	
参赛选手	
协助本组参赛选手的具体策略	
活动注意事项	
任务分工	
任务与职责	
题目策划搜集	
安全监督	
记　录	
总结汇报	

指导建议：教师要对活动分工进行切实指导，保证分工的合理性，本次活动可以依据题目策划搜集、总结汇报、安全监督等方面进行分工。

5.任务实施

(1)各小组搜集、整理题目与答案，并提交给主持人，由主持人和老师对题目核实，筛选、整理出不少于20道有效题目。

交通法规知识知多少——PK赛题目及答案

序　号	题　目	答　案

(2)明确知识竞赛规则，各组积极投入“交通法规知识知多少”知识竞赛。

(3)学生依照参赛规则依次进行车轮赛。

指导建议：在这个过程中，教师要充分发挥指导者和监督者的角色，巡视、指导小组的表现，随时注意维持会场秩序，提醒学生认真听取选手答题并且要记录好每位选手答对题目的数量。教师也可以为活动现场的同学拍照留念，记录活动中同学们的精彩瞬间。

活动总结

1.展示与交流

答题活动结束之后，击败所有选手，坚持到最后的选手获得最佳选手奖。教师与学生对各个小组的表现进行打分和评估，评选出最佳小组合作奖。参加这次活动后，学生相互谈谈感受，反思自己的表现，看自己有哪方面是需要学习提高的，并从学习交通法规知识角度进行思考，反思学习交通法规知识的重要意义。

指导建议：教师引导学生从小组题目内容、难易程度、小组分工、学生积极性、答题选手表现等方面对小组给予评价并打分，选出一个最佳小组合作奖。

2.评价与反思

学生以小组为单位，按照评价表，对其他小组进行评价。

评价表

小组成员：　　　　　　　　　　　　　　　　　　　　　　　　　　　　总分：

评价项目	评价等级		
	一级(3分)	二级(2分)	三级(1分)
组织策划	很好地组织本组选题，题目内容全面、准确、规范；题目答案准确、翔实、完整；题目难易程度适中，无偏题、难题、怪题	组织策划本组选题，题目内容准确；题目答案准确；题目偏难	组织策划本组选题，题目内容不够全面；题目答案不准确；题目有难题、怪题
理　解	理解交通法规知识；积极思考，认真答题，知识面广，记忆准确；能与本组参赛选手积极配合，能够回答全部关于交通法规的题目，达到与人分享、与人共勉的目的	理解交通法规知识；积极思考，认真答题，知识面广，记忆准确；能与本组参赛选手配合，能够回答大部分关于交通法规的题目，完成任务	理解交通法规知识；积极思考，认真答题，知识面广，记忆准确；未能做到与本组参赛选手积极配合，只回答少部分关于交通法规的题目
交　流	能有条理地说明小组完成任务的情况，能准确、生动地表达活动的感悟和体会	能清楚地说明小组完成任务的情况，能表达活动体会	未能清楚地说明小组完成任务的情况，表达活动体会比较含糊

知识链接

中华人民共和国道路交通安全法，是为了维护道路交通秩序，预防和减少交通事故，保护人身安全，保护公民、法人和其他组织的财产安全及其他合法权益，提高道路通行效率而制定的法规。

公安部2012年10月8日公布了最新修订的《机动车驾驶证申领和使用规定》，新交通规则严格了对驾驶员的管理。最新交通法规扣分细则也更为严格，闯红灯交通违法记分将由3分提高到6分，不挂号牌或遮挡号牌的一次就将扣12分。

“交通法规知识竞赛”学习单

[活动目标]

了解交通安全法律法规和注意事项；能够有序组织知识竞赛活动，增强对交通安全知识的进一步掌握。

[活动方案]

“交通法规知识竞赛”小组活动方案表

小组名称：　　　　　　　　　　　　　　　　　　　　　　　　日期：

交通法规知识竞赛主题	
交通法规知识竞赛题目与答案	
参赛选手	
协助本组参赛选手的具体策略	
活动注意事项	
任务分工	
任务与职责	
题目策划搜集	
安全监督	
记　录	
总结汇报	

[评价与反思]

评价表

小组成员：　　　　　　　　　　　　　　　　　　　　　　　　总分：

评价项目	评价等级		
	一级(3分)	二级(2分)	三级(1分)
组织策划	很好地组织本组选题，题目内容全面、准确、规范；题目答案准确、翔实、完整；题目难易程度适中，无偏题、难题、怪题	组织策划本组选题题目内容准确；题目答案准确；题目偏难	组织策划本组选题，题目内容不够全面；题目答案不准确；题目有难题、怪题
理　解	理解交通法规知识；积极思考，认真答题，知识面广，记忆准确；能与本组参赛选手积极配合，能够回答全部关于交通法规的题目，达到与人分享、与人共勉的目的	理解交通法规知识；积极思考，认真答题，知识面广，记忆准确；能与本组参赛选手配合，能够回答大部分关于交通法规的题目，完成任务	理解交通法规知识；积极思考，认真答题，知识面广，记忆准确；未能做到与本组参赛选手积极配合，只回答少部分关于交通法规的题目
交　流	能有条理地说明小组完成任务的情况，能准确、生动地表达活动的感悟和体会	能清楚地说明小组完成任务的情况，能表达活动体会	未能清楚地说明小组完成任务的情况，表达活动体会比较含糊

模拟地震逃生

适用年段：小学　　建议时间：120 分钟

活动目标

掌握基本的地震逃生技巧，能够依据地震的具体灾情，选择利用周边环境及工具，作出合理的自救逃生策略；学会给地震受困的他人正确的提示和帮助。

活动准备

材料：简易帐篷、收音机、手机、灭火器、消火栓、消毒面具、棉被、小毛巾、水、手电筒、方便面、面包、坐垫、秒表、笔、纸、导入视频或图片及其他活动所需材料。

场地：防震演练馆。

活动实施

1.情境导入

播放地震现场图片、视频。你或你的朋友遇到过破坏性较大的地震吗？有同学在地震灾害后，到过地震现场吗？通过与学生交流，达成积极、认真参加演练活动的共识。

2.本次演练设置的障碍物口令及其操作规范

(1) 口令：你听到喊地震了。

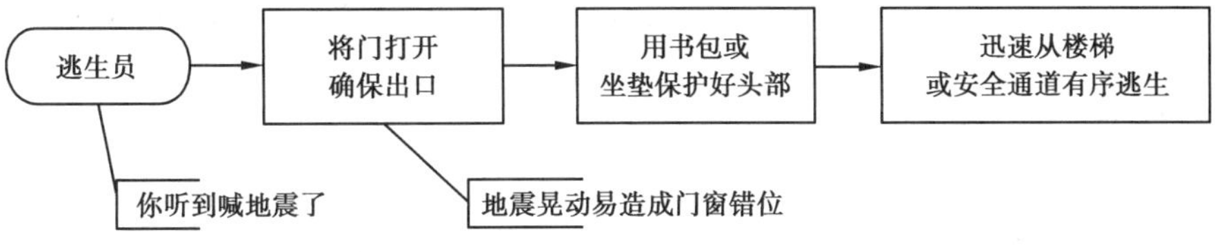

逃生员：由于地震的晃动易会造成门窗错位，所以应该将门打开，确保出口通畅。用书包或坐垫保护好头部，迅速从楼梯或安全通道有序逃生。

(2)口令:你感觉到地面剧烈地晃动。

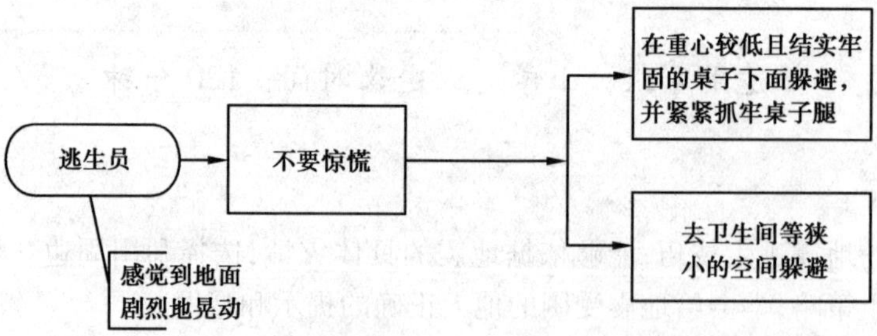

逃生员:不要惊慌,在重心较低且结实牢固的桌子下面躲避,并紧紧抓牢桌子腿或去卫生间等狭小的空间躲避。

(3)口令:地震时你应准备哪些应急物品?

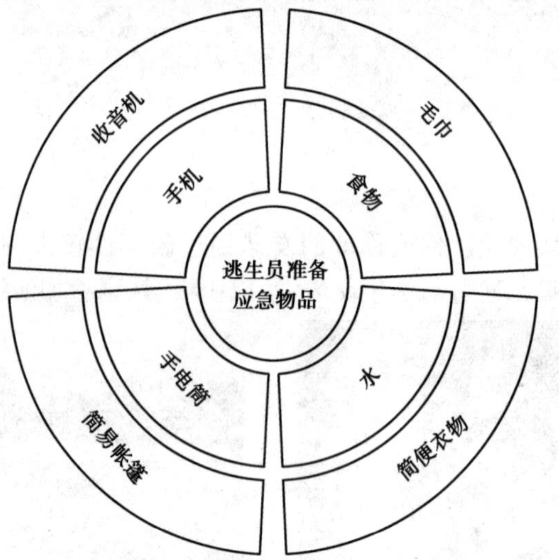

逃生员:食物、水、手电筒、毛巾、简便衣物、简易帐篷、手机、收音机等。

(4)口令:地震时厨房里煤气灶正开着火。

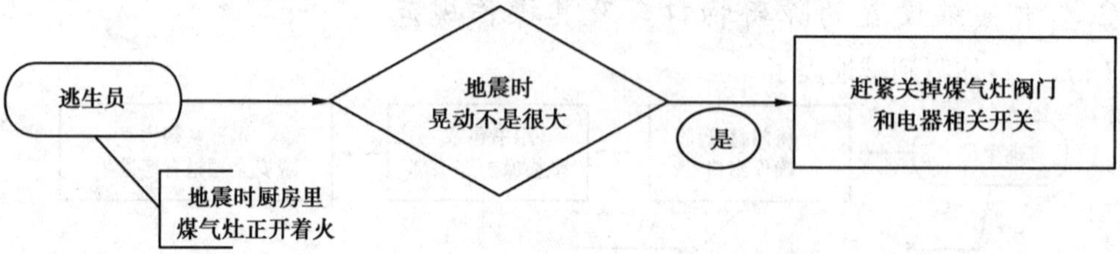

逃生员:如果地震时晃动不是很大,赶紧关掉煤气灶阀门和电器相关开关。

(5)口令:厨房里失火了。

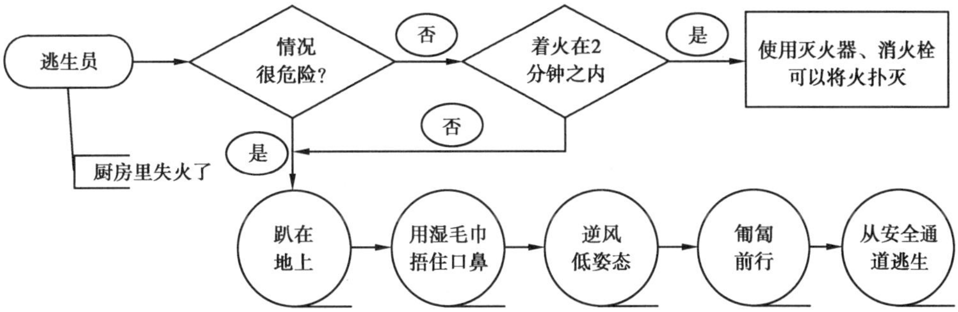

逃生员:不是很危险的情况下,在着火初的 1~2 分钟,使用灭火器、消火栓可以将火扑灭;如果火势很猛,要趴在地上,用湿毛巾捂住口鼻,逆风低姿态匍匐前行,从安全通道逃生。

(6)口令:地震时,当你已逃到户外,你应避开哪些地方?

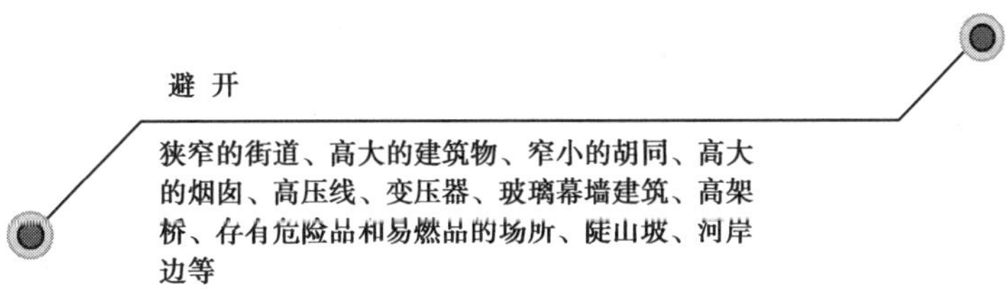

逃生员:避开狭窄的街道、高大的建筑物、窄小的胡同、高大的烟囱、高压线、变压器、玻璃幕墙建筑、高架桥、存有危险品和易燃品的场所、陡山坡、河岸边等。

(7)口令:地震逃生途中,正在学校上学的妹妹打电话向你求助。

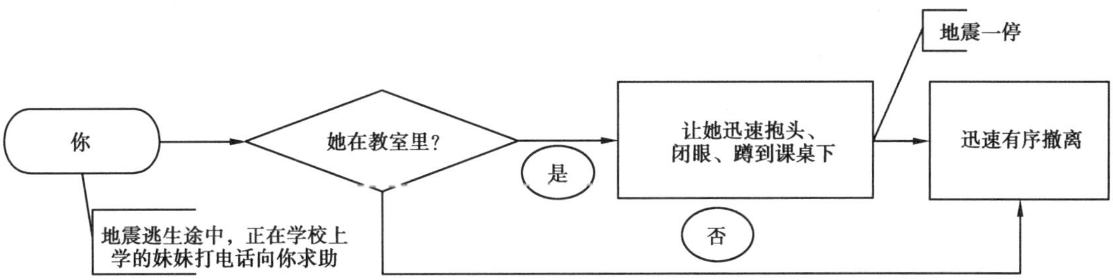

逃生员:如果她在教室里,让她迅速抱头、闭眼、蹲到课桌下。地震一停,迅速有序撤离,注意撤离时千万不要拥挤。

(8)口令:当你已到达安全的地方,你的表弟正在行驶的车上打电话向你求助。

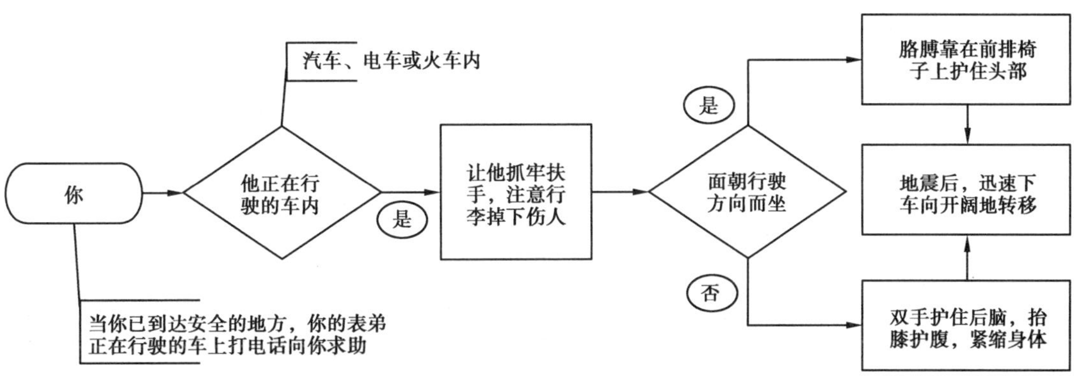

逃生员:如果他正在行驶的汽车、电车或火车内,让他抓牢扶手,以免摔伤、碰伤,同时要注

意行李掉下来伤人。面朝行驶方向的人,可用胳膊靠在前排椅子上护住头部;背向行驶方向的人可用双手护住后脑,并抬膝护腹,紧缩身体。地震后,迅速下车向开阔地转移。

(9)口令:遇到有毒气体泄漏。

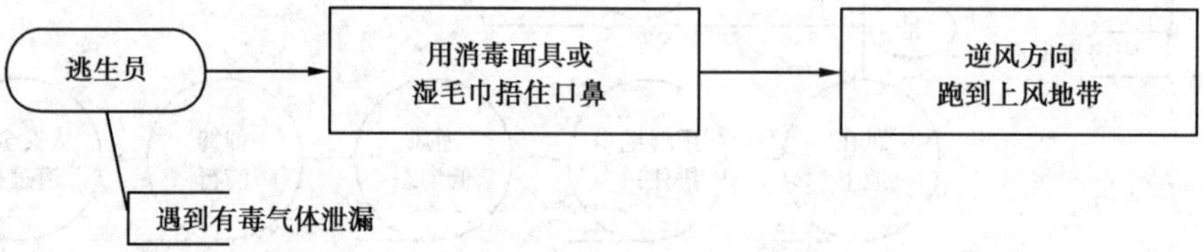

逃生员:用消毒面具或湿毛巾捂住口鼻,逆风方向跑到上风地带。

3.布置任务

任务:地震逃生。

要求:能根据教师口令模拟的情境,用最短的时间带领家人在不同情境下成功逃生。

4.制订方案

"模拟地震逃生"小组活动方案表

小组名称: 日期:

<table>
<tr><td>口　号</td><td colspan="2"></td><td>组　长</td><td></td><td>副组长</td><td></td></tr>
<tr><td colspan="7">任务的内容、参与人数及完成任务要点</td></tr>
<tr><td colspan="3">任务内容</td><td>参与人数</td><td colspan="3">完成任务要点</td></tr>
<tr><td colspan="3">你听到喊地震了</td><td>全体</td><td colspan="3"></td></tr>
<tr><td colspan="3">你感觉到地面剧烈地晃动</td><td>全体</td><td colspan="3"></td></tr>
<tr><td colspan="3">地震时应准备哪些应急物品?</td><td>全体</td><td colspan="3"></td></tr>
<tr><td colspan="3">地震时厨房煤气灶正开着火</td><td>全体</td><td colspan="3"></td></tr>
<tr><td colspan="3">厨房里失火了</td><td>全体</td><td colspan="3"></td></tr>
<tr><td colspan="3">地震时,当你已逃到户外,你应避开哪些地方?</td><td>全体</td><td colspan="3"></td></tr>
<tr><td colspan="3">地震逃生途中,正在学校上学的妹妹打电话向你求助</td><td>全体</td><td colspan="3"></td></tr>
<tr><td colspan="3">你已到安全地方,你的表弟正在行驶的车上打电话向你求助</td><td>全体</td><td colspan="3"></td></tr>
<tr><td colspan="3">遇到有毒气体泄漏</td><td>全体</td><td colspan="3"></td></tr>
<tr><td>已完成任务</td><td colspan="2">%</td><td>耗　时</td><td colspan="3">分　　秒</td></tr>
<tr><td>活动策略</td><td colspan="6">分　工:
安全预案:
其他策略:</td></tr>
</table>

5.任务实施

(1)教师展示3D情境模拟(配以紧急状况下的声音、烟雾效果)。

(2)地震逃生演练正式开始时,小组组员击掌、拥抱,一起喊队口号,相互加油鼓励。

(3)非执行任务小组成员认真观察正执行任务小组的系列演练。

必须严格遵守活动规则、符合安全规范地开展活动,可以使用的演练地震逃生的工具有:简易帐篷、收音机、手机、灭火器、消火栓、消毒面具、棉被、小毛巾、水、手电筒、方便面、面包、坐垫等。

小组组员两两结对(分别扮演妈妈和孩子)站成一排。由另外小组的副组长负责为本组喊模拟障碍物口令并记录完成时间,教师宣布活动开始后,本组组员听到口令后迅速开始执行任务。

“地震逃生”任务中,如需使用灭火器,使用时不要将灭火器对准自己或他人,以免伤及无辜。

指导建议:

(1)展示以3D地震情境模拟(配以紧急状况下的声音、烟雾效果)为背景的音视频,布置任务、提出要求。

(2)活动中,教师尤其要关注不知所措、领会地震自救要领较弱的学生,需给予他们耐心示范指导以达成活动目标。

(3)确保每一位学生都明白活动规则及动作规范,领会活动本身的安全注意事项,要求学生不穿戴、不携带妨碍演练活动的衣物和物品,不安排有身体不适的学生参加活动。

(4)教师根据实际需要可增减口令设置数量,建议将障碍物口令印发给各组。教师需密切注意活动秩序,制止危险操作。

(5)教师可对建筑物、布置做合理调整,或依据自己的演练任务量及难度重新设计,建筑物可以用实物标志,也可以直接在地面上标识。

活动总结

1.展示与交流

对照小组活动方案表及任务要求,各小组交流、说明任务完成的情况,在活动过程中遇到的问题和困难以及解决的办法。分享在活动中运用了哪些活动策略,活动前后心理上有哪些变化,活动结束后又有哪些体会与感悟。

2.评价与反思

学生以小组为单位,按照评价表,对其他小组进行评价。

评价表

小组成员：　　　　　　　　　　　　　　　　　　　　　　　　　　　　总分：

评价项目	评价等级		
	一级(3分)	二级(2分)	三级(1分)
实　践	依据震情,选择恰当的逃生策略,严格遵守操作规范和安全注意事项,快速完成各项任务	依据震情,选择逃生策略,遵守操作规范和注意事项,完成各项任务,但速度较慢	依据震情,选择逃生策略,不能完全遵守操作规范和注意事项,没能完成全部任务
交　流	能有条理地说明活动方案及完成情况,并举例说明遇到的问题及解决办法,能准确表达体会与感悟	能说明活动方案及完成情况,能回答老师及同学的提问,能表达体会与感悟	能说明活动完成情况,能回答老师及同学的提问,能表达体会与感悟但叙述不太清晰
知　识	掌握防震基本知识,准确掌握地震自救与救助他人的策略	熟悉防震基本知识,知道地震自救与救助他人的策略	了解防震基本知识,了解地震自救与救助他人的策略

拓　展

针对震前预兆、震后疫情或火灾,上网或向其他专业人员请教,形成宣传小册子并向家人和其他同学宣传。

“模拟地震逃生”学习单

[活动目标]

掌握基本的地震逃生技巧,能够依据地震的具体灾情,选择利用周边环境及工具,作出合理的自救逃生策略;学会给地震受困的他人正确的提示和帮助。

[评价与反思]

“模拟地震逃生”个人总结与反思

姓名：　　　　　　　　　　　　　　　　　　　　　　　　　　　　日期：

我的表现		

续表

<table>
<tr><td>我学到了</td><td></td><td></td></tr>
<tr><td colspan="3">地震逃生中，我认为最重要的自救措施是：</td></tr>
</table>

评价表

小组成员：　　　　　　　　　　　　　　　　　　　　总分：

<table>
<tr><th rowspan="2">评价项目</th><th colspan="3">评价等级</th></tr>
<tr><th>一级(3分)</th><th>二级(2分)</th><th>三级(1分)</th></tr>
<tr><td>实　践</td><td>依据震情，选择恰当的逃生策略，严格遵守操作规范和安全注意事项，快速完成各项任务</td><td>依据震情，选择逃生策略，遵守操作规范和注意事项，完成各项任务，但速度较慢</td><td>依据震情，选择逃生策略，不能完全遵守操作规范和注意事项，没能完成全部任务</td></tr>
<tr><td>交　流</td><td>能有条理地说明活动方案及完成情况，并举例说明遇到的问题及解决办法，能准确表达体会与感悟</td><td>能说明活动方案及完成情况，能回答老师及同学的提问，能表达体会与感悟</td><td>能说明活动完成情况，能回答老师及同学的提问，能表达体会与感悟但叙述不太清晰</td></tr>
<tr><td>知　识</td><td>掌握防震基本知识，准确掌握地震自救与救助他人的策略</td><td>熟悉防震基本知识，知道地震自救与救助他人的策略</td><td>了解防震基本知识，了解地震自救与救助他人的策略</td></tr>
</table>

性别的秘密

适用年段：小学　　建议时间：120 分钟

活动目标

了解性别的存在与差异，探究动物有性生殖、开花植物受精过程；具有根据外显特征判断动物雌性或雄性的基本常识；学会针对问题，提出猜想，寻找证据，验证假设，形成探究报告。

活动准备

材料：相关书籍、卡纸、剪刀、纸、笔、导入视频或图片及其他活动所需材料。

场地：生命科学馆。

活动实施

1.热身

随着身体的发育成长，我们慢慢地发现男生和女生有许多方面的不同，动物界和植物界也都有雌性和雄性之分，大自然为什么会有这样神奇的安排？性别差异的背后有什么样的秘密？和小组同学交流哪些生物有性别之分，分享你所知道的性别的秘密，以及你对性别现象的解释和看法。

2.提出问题

关于性别的秘密，同学们知道哪些？围绕性别的秘密提出你感兴趣的问题，和全班同学分享你们小组的交流结果。

说说是什么使你想到了这个问题，你为什么想探究这个问题。把同学们的问题记录在黑板（纸）上，用思维导图的方式整理这些问题，看看同学们从哪些方面提出了问题，哪些问题之间有联系。

3.任务要求

任务：选取一种动物和一种植物，探究性别差异以及如何辨识。

要求：（1）小组合作完成探究任务；（2）在动物和植物中各选一例，探究它们的性别差异，如何辨识，以及不同性别的作用；（3）能够在 7 分钟内借助实物、图片，向全班发布探究成果，有完整的“问题—假设—证据—结论”结构层次，表述清晰。

4.制订方案

"性别的秘密"小组活动方案表

小组名称：　　　　　　　　　　　　　　　　　　　　　　　　　　日期：

探究对象	植　物	动　物
名　称		
性别辨识		
问　题		
假　设		
探究方法		
搜集信息（注明出处）		
初步结论		
进一步问题		
报告形式		

指导建议：

（1）学生对性别差异个体的前置经验以及前期学科所学是本项目展开的基础，项目教学应以学生前置经验为起点，学生需要有机会表达对此话题原初的认识。

（2）此项目探究不是一个教师提问、学生寻找答案的过程，教师只提供项目聚焦的范畴，学生自主提出问题，在提问所依据的现象、初步的假设、问题表述的规范等方面需要教师跟进指导。

（3）由于学生认知局限，适合从一种具体的植物或动物入手探究性别的秘密，可以推荐一类，但入手时以一类为研究对象较难进行具体的现象观察。

(4)教师的讲述不应该成为学生学习唯一的支架,如果条件允许,教师可为学生提供更为开放的环境作为探究的支架,比如可供实地考察的探究场地。

5.任务实施

学生以小组为单位,依据任务要求,对本组选择的某一种动植物的性别差异、辨识方法,以及不同性别的作用进行探究。

(1)动物受精作用与过程参考。

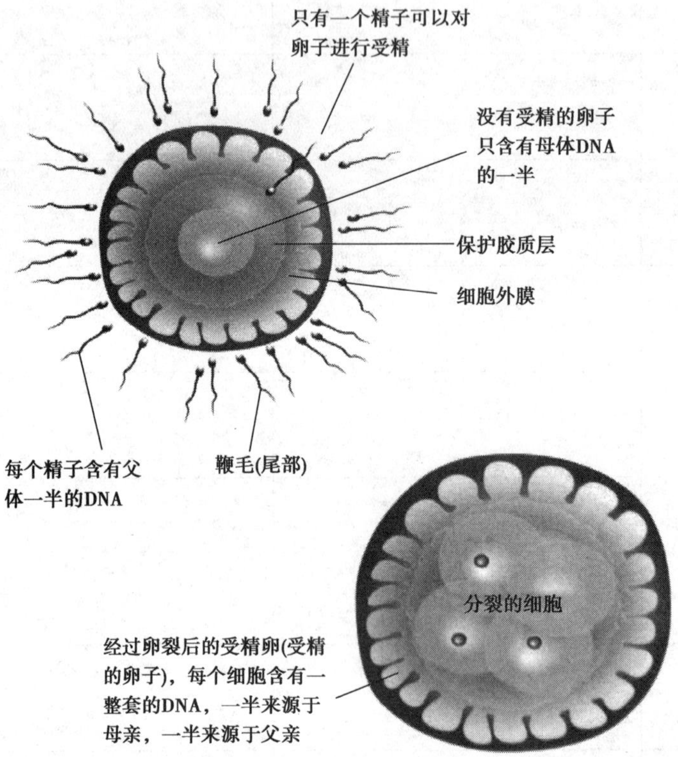

当一个精子到达卵细胞时,精子就会释放酶,它帮助精子穿透卵细胞的外层。当精子的头部进入卵细胞后,受精作用就会发生,发育随之开始。一旦受精作用发生,卵细胞就会建立起化学屏障,它能够阻止其他精子的进入。

当一个精子使一个卵子受精后(结合),会引发细胞分裂。当受精卵分裂后,它的大小和复杂度都会增加,最终形成胚胎。卵细胞的外膜在受精后消失。在哺乳动物中,内部的胶质层直到受精卵进入子宫后,大概在受精后 6 天才会消失。

(2)关于植物性别的参考。

观察下图开花植物的受精过程,解释开花植物为什么不移动也能完成交配。

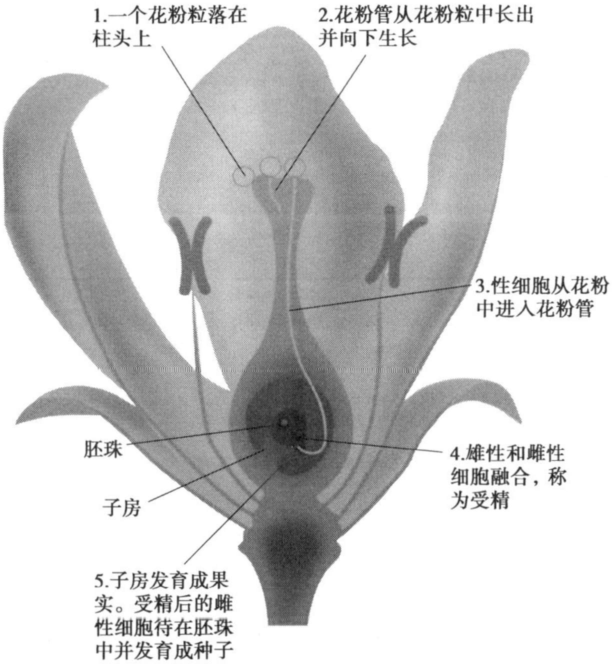

开花植物不依赖潮湿的环境进行繁殖,它们通过花粉粒来实现受精。花粉外表坚硬并且抗脱水(彻底变干)。当一个花粉粒到达花朵的雌性部分 1,花粉粒萌发并长出一个花粉管延伸进里面的子房 2 和 3。然后花粉释放出一个雄性生殖细胞,这个细胞游向雌性生殖细胞并在子房中与之融合 4。之后受精卵开始发育成胚,胚最终会变成种了 5。因为植物不能通过移动完成交配,所以它们会利用动物,如昆虫、蝙蝠或者鸟类,或者直接利用风来传播它们的花粉。

活动总结

1.展示与交流

和全班同学分享小组探究成果,将探究结果按“问题—假设—证据—结论”的结构组织成探究报告,确定探究报告的发布方式,尽可能图文并茂,用直观的实物和图片更能被同学们理解,同时准备回复同学们可能提出的问题。在学习单上记录你在此项目探究中的收获。

2.评价与反思

“性别的秘密”个人总结与反思

姓名:　　　　　　　　　　　　　　　　　　　　日期:

我探究的动(植)物种类	
我的问题	
我的探究方法和搜集到的信息	

续表

我的结论和需进一步探究的问题	
我发现的性别的秘密	

2.评价与反思

学生以小组为单位，按照评价表，对其他小组进行评价。

评价表

小组成员：　　　　　　　　　　　　　　　　　　　　　　　　总分：

评价项目	评价等级		
	一级（3分）	二级（2分）	三级（1分）
合　作	小组成员均能积极参加小组活动，分工合理，相互配合默契	小组成员均能积极参加小组活动，多数时候能相互配合	活动过程中，小组成员存在相互推诿的现象
实　践	能按计划开展活动，积极猜想并核实，切实掌握性别的有关知识，撰写出内容翔实、准确度高的探究报告	能按计划开展活动，积极猜想并核实，掌握性别的有关知识，撰写出较高质量的探究报告	未能按计划开展活动，活动态度不积极，撰写的报告还需要做多处修改
交　流	汇报内容准备充分，能有条理地讲述探究结果	能清晰地汇报任务的完成情况	汇报内容准备不充分，叙述含糊不清

知识链接

世界上有性生殖行为、结构和相互关系具有惊人的多样性，通常地，雌性和雄性相互接触并交配，不久，雌性生产了年轻的一代或是产下受精卵，这是大多数人对有性生殖的描述，但它仅仅是自然中不同繁殖模式中的一种。许多物种的雌性和雄性是不会碰面的。事实上，有些物种根本没有独立的雌性和雄性，如何解释这类现象？关于性别到底有哪些秘密？性别是生物学中最热门的话题，所有动物种类中99%的动物都依靠有性生殖，所以动物存在性别必然是有利的。子代的多样化是源于不同亲代的基因混合。长期以来，物种的多样性有助于它们适应未来的挑战。依据自私基因理论，每个个体只与它自身基因的遗传有关，总的来说与物种的优点没有关系。通过孤雌繁殖所生产的雌性动物应该占优势，因为它的所有基因都遗传给每个子代了，而不只是一半基因。关于性别的存在，许多科学家认为它一定拥有短时间的优势，即可能是因为遗传的多样性使如细菌和病毒这样的生物比寄生虫更有竞争优势。

"性别的秘密"学习单

[活动目标]

了解性别的存在与差异,探究动物有性生殖、开花植物受精过程;具有根据外显特征判断动物雌性或雄性的基本常识;学会针对问题,提出猜想,寻找证据,验证假设,形成探究报告。

[评价与反思]

"性别的秘密"个人总结与反思

姓名: 日期:

我探究的动(植)物种类	
我的问题	
我的探究方法和搜集到的信息	
我的结论和需进一步探究的问题	
我发现性别的秘密	

评价表

小组成员: 总分:

评价项目	评价等级		
	一级(3分)	二级(2分)	三级(1分)
合　作	小组成员均能积极参加小组活动,分工合理,相互配合默契	小组成员均能积极参加小组活动,多数时候能相互配合	活动过程中,小组成员存在相互推诿的现象
实　践	能按计划开展活动,积极猜想并核实,切实掌握性别的有关知识,撰写出内容翔实、准确度高的探究报告	能按计划开展活动,积极猜想并核实,掌握性别的有关知识,撰写出较高质量的探究报告	未能按计划开展活动,活动态度不积极,撰写的报告还需要做多处修改
交　流	汇报内容准备充分,能有条理地讲述探究结果	能清晰地汇报任务的完成情况	汇报内容准备不充分,叙述含糊不清

禁毒教育

适用年段：小学　　建议时间：60 分钟

活动目标

知道毒品的种类、性状及其危害；掌握拒绝、抵制毒品的方法。

活动准备

材料：教学课件及其他活动所需材料。

场地：法制宣传馆。

活动实施

1.导入新课

（1）观看宣传画（幻灯片）。

（2）谈话：同学们，课前大家搜集了很多有关毒品的资料，今天我们就毒品这个问题作进一步的学习探讨。

2.认识毒品

同学们，请看这幅图片，多么绿的叶，多么美的花！简直是娇艳欲滴、冰清玉洁、摇曳生姿，这么美的花，你一定想拥有它！可是如果你真的拥有它，并且为它的“精灵”所陶醉的话，那么你一定会痛不欲生，悔恨终身。因为这美丽的花开过后，就结出罪恶之果——罂粟果，这致人万劫不复的毒品，洁白的海洛因就是它的幽灵，那冰清玉洁的外表掩盖不了它肮脏、罪恶的灵魂。

（1）什么是毒品？毒品是指鸦片、海洛因、甲基苯丙胺（冰毒）、吗啡、大麻、可卡因以及国家规定管制的其他能够使人形成瘾癖的麻醉药品和精神药品。

（2）几种常见毒品的介绍。

①海洛因—— 俗称“白粉”，学名二乙酰吗啡，是吗啡的半合成品。使用几分钟后，人进入昏睡状态，造成感觉迟钝，记忆力减退，反应能力降低，瞳孔收缩等，极易成瘾并难以戒断。

②冰毒——学名甲基苯丙胺，因其外观与冰极其相似，故称为“冰毒”。由于冰毒的刺激性强，持久力强，使用一次便会上瘾，因此被称为“毒品之王”。

③大麻——大麻为桑科的一年生草本植物，雌雄分株，这种植物花枝的顶端、叶、种子及茎中含有一种树脂样物质，主要毒性成分为四氢大麻酚，具有致幻作用。

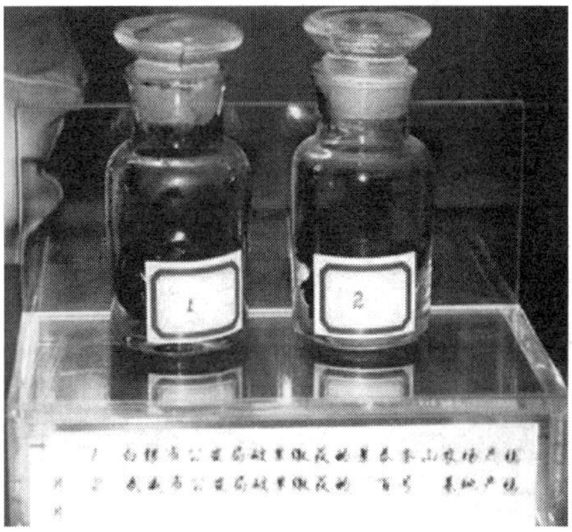

④摇头丸——又称“甩头丸”“快乐丸”。服用后会产生强烈的兴奋作用,听到音乐即摇头不止,可长达6~8小时,且引起幻觉和激动,易造成疯狂、狂喜、忘我的行为失控表现。

(3)相互交流课前社会调查的结果。

3.了解毒品给个人、家庭、社会带来的危害

(1)对个人的危害。

①吸毒对身体的毒性作用:毒性作用是指用药剂量过大或用药时间过长引起的对身体的一种有害作用,通常伴有机体的功能失调和组织病理变化。中毒后的主要特征有嗜睡、感觉迟钝、运动失调、幻觉、妄想、定向障碍等。

②戒断反应:长期吸毒造成的一种严重和具有潜在致命危险的身心损害,通常在突然终止用药或减少用药剂量后发生。许多吸毒者在没有经济来源购毒的情况下,或死于严重的身体戒断反应引起的各种并发症,或因痛苦难忍而自杀。戒断反应也是吸毒者戒断难的重要原因。

③精神障碍与变态:吸毒所致最突出的精神障碍是幻觉和思维障碍。他们的行为特点围绕毒品转,甚至为吸毒而丧失人性。

我国目前流行最广、危害最严重的毒品是海洛因,海洛因属于阿片灯药物。在正常人的脑内和体内一些器官,存在着内源性阿片肽和阿片受体。在正常情况下,内源性阿片肽作用于阿片受体,调节着人的情绪和行为。人在吸食海洛因后,抑制了内源性阿片肽的生成,逐渐形成在海洛因作用下的平衡状态,一旦停用就会出现不安、焦虑、忽冷忽热、起鸡皮疙瘩、流泪、流涕、出汗、恶心、呕吐、腹痛、腹泻等。这种戒断反应的痛苦,反过来又促使吸毒者为避免这种痛苦而千方百计地维持吸毒状态。冰毒和摇头丸在药理作用上属中枢兴奋药,会毁坏人的神经中枢。

(2)对家庭的危害。

一旦家庭中出现了吸毒者,家便不成其为家了。吸毒者在自我毁灭的同时,也破坏自己的家庭,使家庭陷入经济破产、亲属离散,甚至家破人亡的境地。

(3)对社会的危害。

①对社会生产力的巨大破坏:吸毒首先导致身体疾病,影响生产,其次是造成社会财富的巨大损失和浪费,同时毒品活动还造成环境恶化,缩小了人类的生存空间。

②毒品活动扰乱社会治安:毒品活动诱发了各种违法犯罪活动,扰乱了社会治安,给社会安定带来巨大威胁。

毒品的危害可以概括为:毁灭自己、祸及家庭、危害社会。

4.学习相关法律,了解我国禁毒的情况

涉毒犯罪罪名、数量及量刑

(1)《中华人民共和国刑法》第二百四十七条　走私、贩卖、运输、制造毒品罪。

走私、贩卖、运输、制造毒品,无论数量多少,都应当追究刑事责任,予以刑事处罚。走私、贩卖、运输、制造毒品,有下列情形之一的,处十五年有期徒刑、无期徒刑或者死刑,并处没收财产:(一)走私、贩卖、运输、制造鸦片一千克以上、海洛因或者甲基苯丙胺五十克以上或者其他毒品数量大的;(二)走私、贩卖、运输、制造毒品集团的首要分子;(三)武装掩护走私、贩卖、运输、制造毒品的;(四)以暴力抗拒检查、拘留、逮捕,情节严重的;(五)参与有组织的国际贩毒活动的。走私、贩卖、运输、制造鸦片二百克以上不满一千克、海洛因或者甲基苯丙胺十克以上不满五十克或者其他毒品数量较大的,处七年以上有期徒刑,并处罚金。走私、贩卖、运输、制造鸦片不满二百克、海洛因或者甲基苯丙胺不满十克或者其他少量毒品的,处三年以下有期徒刑、拘役或者管制,并处罚金;情节严重的,处三年以上七年以下有期徒刑,并处罚金。单位犯第二款、第三款、第四款罪的,对单位判处罚金,并对其直接负责的主管人员和其他直接责任人员,依照各该款的规定处罚。利用、教唆未成年人走私、贩卖、运输、制造毒品,或者向未成年人出售毒品的,从重处罚。对多次走私、贩卖、运输、制造毒品,未经处理的,毒品数量累计计算。

(2)《中华人民共和国刑法》第三百四十八条　非法持有毒品罪。

非法持有鸦片一千克以上、海洛因或者甲基苯丙胺五十克以上或者其他毒品数量大的,处七年以上有期徒刑或者无期徒刑,并处罚金;非法持有鸦片二百克以上不满一千克、海洛

因或者甲基苯丙胺十克以上不满五十克或者其他毒品数量较大的，除三年以下有期徒刑、拘役或者管制，并处罚金；情节严重的，处三年以上七年以下有期徒刑，并处罚金。

• 销毁毒品、打击犯罪

• 禁毒宣传：

5.讨论如何拒绝毒品

（1）情景剧表演《拒绝毒品》。

（2）讨论并总结拒绝毒品的方法。

①接受毒品基本知识和禁毒法律法规教育，了解毒品的危害，懂得“吸毒一口，掉入虎口”的道理。

②树立正确的人生观，不盲目追求享受，寻求刺激，赶时髦。

③不听信毒品能治病，毒品能解脱烦恼和痛苦，毒品能给人带来快乐等各种花言巧语。

④不结交有吸毒、贩毒行为的人。如发现亲朋好友中有吸毒、贩毒行为的人，一要劝阻，二要远离，三要报告公安机关。

⑤不进歌舞厅，绝不吸食摇头丸、K 粉等兴奋剂 。

⑥即使自己在不知情的情况下，被引诱、欺骗吸毒一次，也要珍惜自己的生命，不再吸第二次，更不要吸第三次。

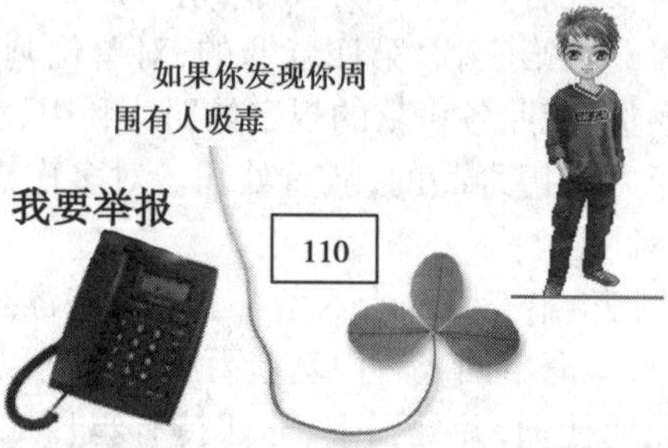

6.拓展

(1)课后调查。

①你知道的毒品有________、________、________、________、________等。

②国际禁毒日是________月________日。

③我国目前流行最广、危害最严重的毒品是________。

④贩卖毒品________克即构成刑事犯罪。

⑤毒品的危害有对个人:________;对家庭:________;对社会:________。

⑥在火车上,有陌生人给你饮料喝,你会________。

⑦如果家庭中有人吸毒,你会________。

⑧如果朋友吸毒,你会________。

⑨如果有人引诱、威逼你吸毒,你应该________。

(2)自制禁毒宣传卡,在社区进行义务宣传。

(3)举行禁毒宣传画比赛。

(4)创编禁毒警示语。

“禁毒教育”学习单

[活动目标]

知道毒品的种类、性状及其危害;掌握拒绝、抵制毒品的方法。

[活动方案]

(1)通过学生课前搜集资料、课堂上展示运用资料的情况,评价学生在搜集、整理、处理信息的能力。

(2)通过学生在课堂中的倾听、发言、讨论的积极性,考查教师课堂教学是否吸引学生,激发学生的学习兴趣。

(3)通过讨论拒绝毒品的方法这一环节,考查学生对拒绝毒品、珍爱生命的意识是否已经树立。

(4)通过学生课后调查,了解学生对本课知识的掌握。

(5)通过课后延伸环节,观察学生的积极性和作品的质量,考查学生对禁毒这一问题的重视和理解程度。

“禁毒教育”小组活动方案表

小组名称: 日期:

毒品的种类	

续表

毒品的危害	
我们这样分工	
我们遇到了这些困难	
我们学到了什么?	

[评价与反思]

"禁毒教育"个人总结与反思

姓名:　　　　　　　　　　　　　　　　　　　　日期:

我的表现:
对此我的理解是:
应注意的事项(要点):

生命科学

适用年段：小学　　建议时间：60 分钟

活动目标

通过对人体结构的认识，知道各重要器官所在位置并了解其功能；激发学生对生命科学的探究兴趣。

活动准备

场地：生命科学馆。

活动实施

1.分组

对学生进行分组，选出小组长，然后讲清楚课堂要求。

2.情境导入

通过观看胎儿形成的视频，谈谈对生命的看法。

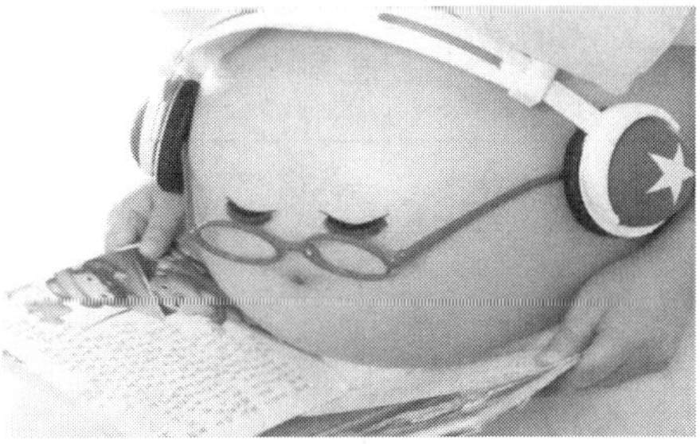

3.活动内容

活动一：走进人体

看看我们的人体里面有哪些重要的东西，说说生活中什么东西对它的影响最大。

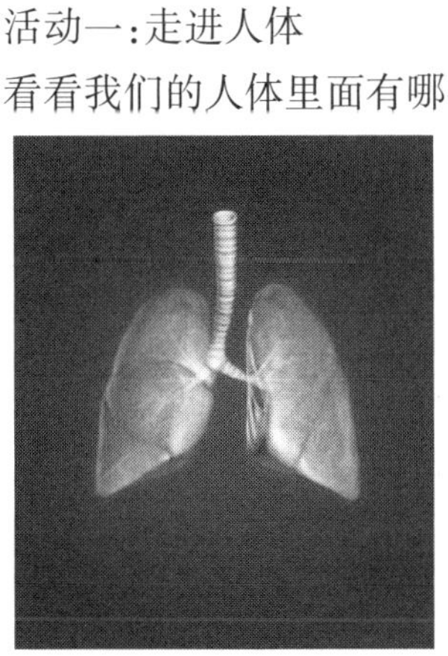

图 1

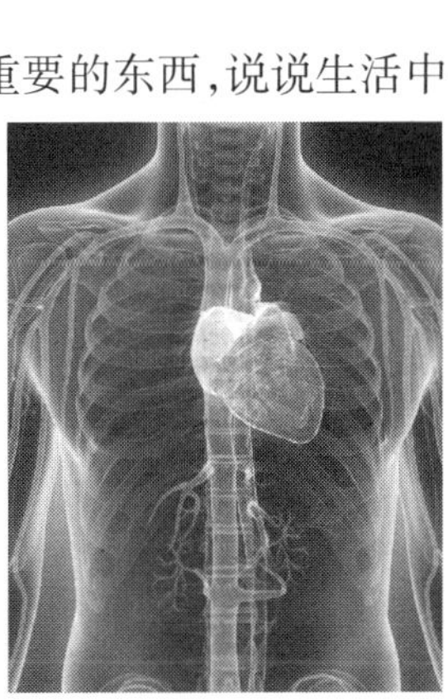

图 2

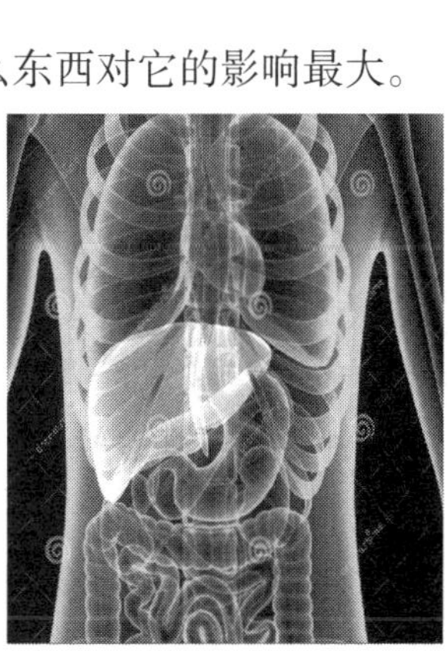

图 3

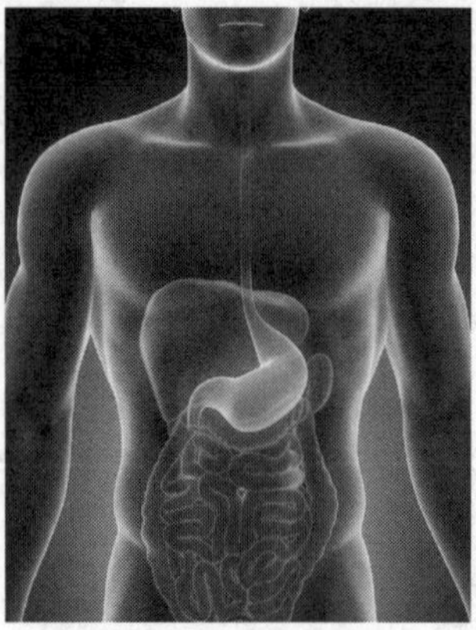

图 4

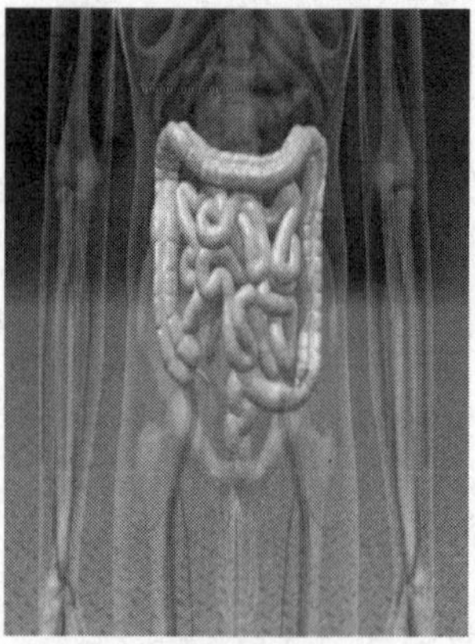

图 5

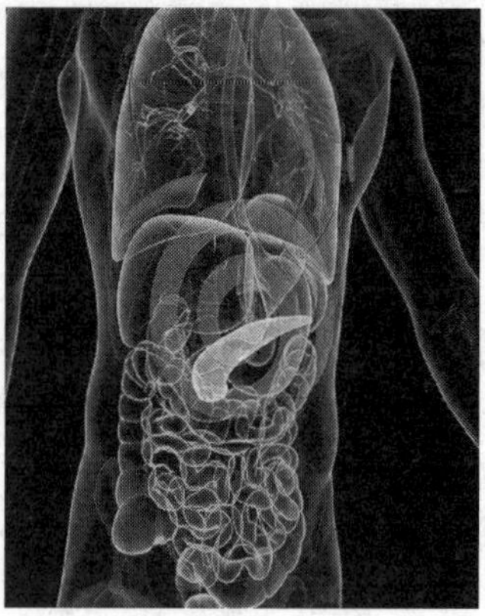

图 6

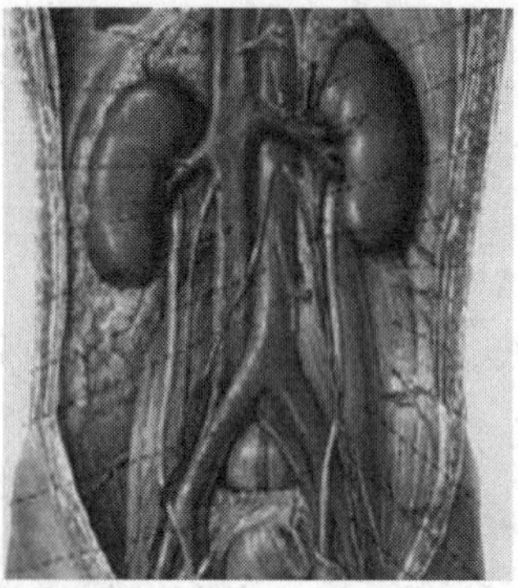

图 7

说说各图对应的是什么器官?	哪些东西会伤害它?	健康的生活方式
图 1		
图 2		
图 3		
图 4		
图 5		
图 6		
图 7		

讨论:找出健康的生活方式,增强自身身体素质,写在上表。

分享:我们的健康生活方式。

活动二:“拼图”

限时拼图游戏,各组挑战规定时间内完成拼图游戏。速度最快组获胜。

活动总结

1.展示与交流

(1)大家围坐在一起,扮演器官角色,以击鼓传花游戏,选中的同学分享怎样扮演好这个器官(我要怎样爱惜它?)。

(2)引导学生思考,我们在体验过程中遇到的最大困难是什么?为什么小组挑战会失败或者成功的原因是什么?

2.评价与反思

"生命科学"个人总结与反思

姓名: 日期:

我的表现:
对此我的理解是:
应注意的事项(要点):

"生命科学"学习单

[活动目标]

通过对人体结构的认识,知道各重要器官所在位置并了解其功能;激发学生对生命科学的探究兴趣。

[评价与反思]

"生命科学"个人总结与反思

姓名：　　　　　　　　　　　　　　　　　　　　　　　　　　　　　　日期：

我的表现：
对此我的理解是：
应注意的事项(要点)：

心肺复苏

适用年段：小学　　建议时间：120 分钟

活动目标

能说出心肺复苏的判断指标；体验救人过程，掌握心脏按压技巧；描述作为一名救护者的感受；小组合作共同托起生命的太阳，凝聚团队的力量，培养团队精神。

活动准备

材料：心肺复苏模拟人 4 套、纱布 1 卷、教学课件。

场地：战地救护馆。

活动实施

1.分组

5~6 人为一组围坐在模型旁，选出组长。约定口令：“三、二、一，手举起”。

2.情境导入

播放一段真实的视频，引导同学们进入真实的场景。

3.探索学习

根据以下漫画，结合所看视频，完成学习单。

遇到突发事件，你会怎么办？	
联想生活中可能遇到的突发事件还有哪些？	
说说什么情况下，我们会实施心肺复苏术？	

试试心肺复苏术吧？
疑问一：为什么要做心肺复苏？
从刚才开始你就在做背景旁白，你是谁啊？
我是死神！
一个加班过度的死神！
中国每年超50万宗心脏骤停案，平均每分钟一例，你能想象我的工作压力吗？
来，擦擦眼泪……
每年因为心脏骤停而死掉的人你知道有多少吗？
进行高质量的心肺复苏明明就可以提高生存率啊！
疑问二：救与不救？
这么重要的急救，交给专业人士更好吧！
我们这种普通老百姓负责呼叫就好了啦！
陌生人的生死责任太重了！
心脏都停了，也没有呼吸，死定了！
如果突然倒下的是你的亲人或者朋友，你还会这样想吗？
溺水！
触电！
过劳！
心脏病！
老人！小孩！
运动员！白领！
70%的心脏骤停发生在家里！
太多原因会引起心脏骤停！
心脏骤停是不会分年龄、性别、阶级、场合、地点的！

提问：听了死神的哭诉，你想要行动起来，伸出援助之手吗？

行动吧，小小救援者们！ 请根据下图演示，填写下列操作步骤。
第一步：
第二步：
第二步：
第四步：
第五步：
第六步：
第七步：

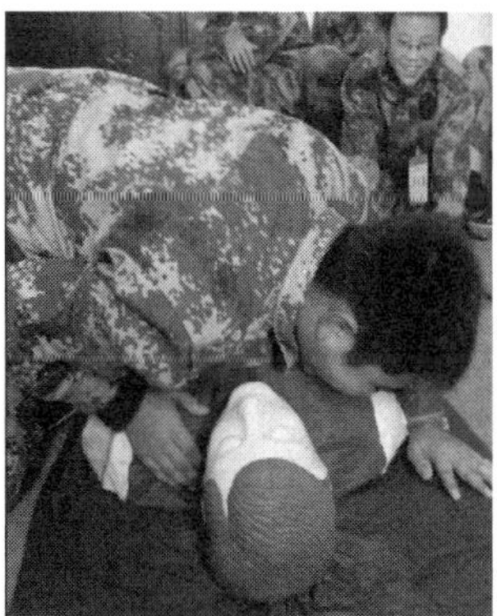

图 1

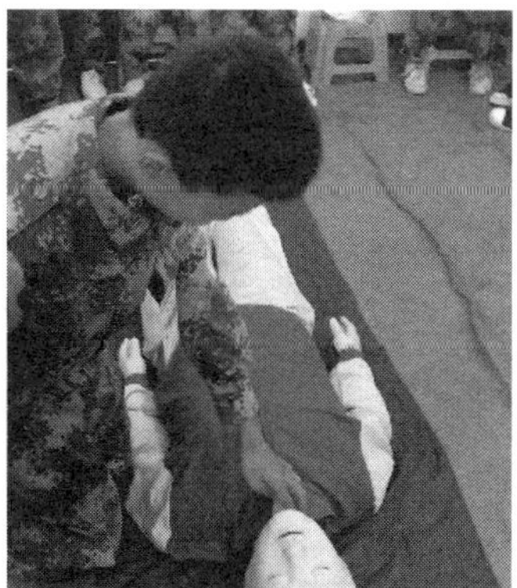

图 2

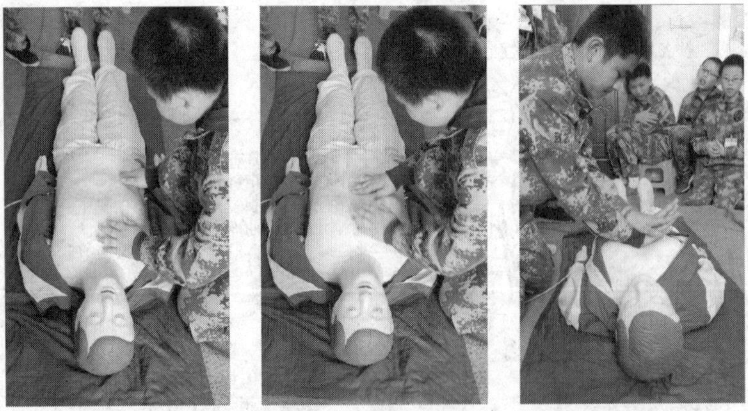

图 3

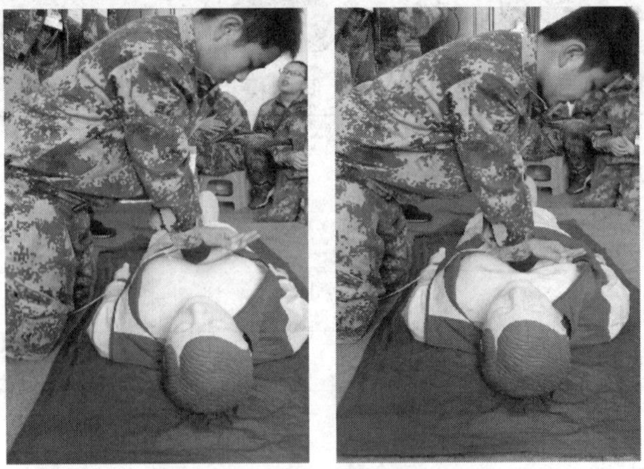

图 4

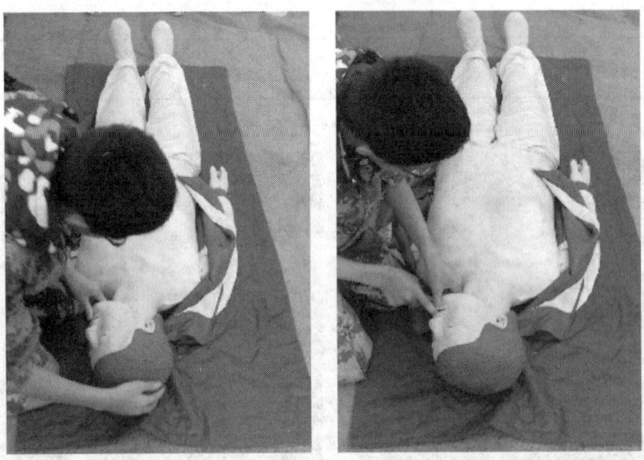

图 5

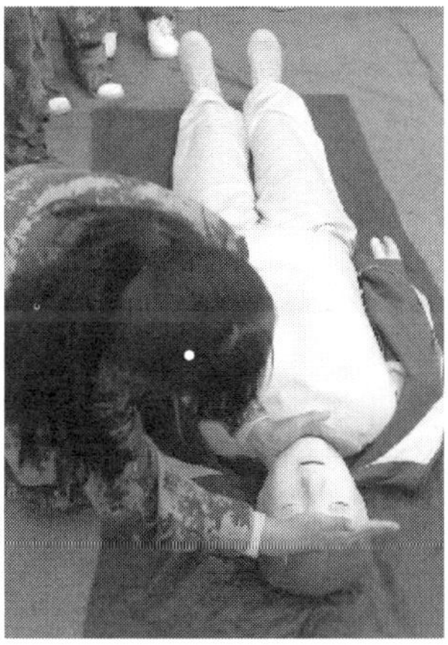

图 6

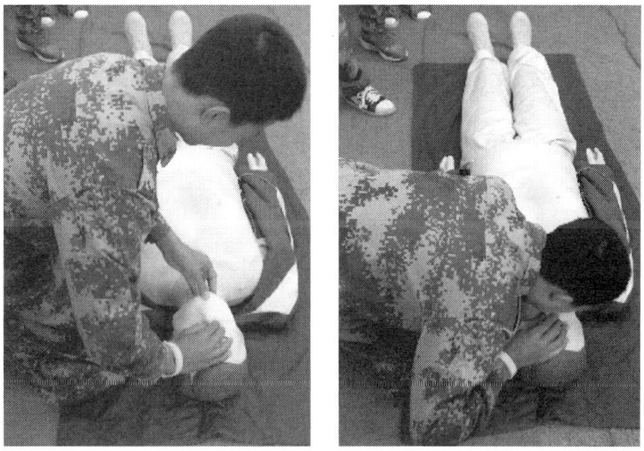

图 7

分享探索学习成果：小组分享、交流 5 分钟并总结步骤，各组派一名代表说出讨论的结果。根据讨论结果，一起总结出正确的操作步骤。

4. 实践

(1) 实践一。

任务布置：各组根据自己学习单上总结的步骤，实际操作练习，时间 15 分钟，并完成下表。

如何快速定位按压部位（可画出）	
第一次尝试，说说你遇到的困难有哪些？困难的步骤在上表中用☆标注	

总结出定位按压部位的正确方法，分享、交流遇到的困难有哪些，讨论如何解决。

(2) 实践二。

任务布置：各组为一救援小分队，解决所遇困难。组长组织安排成员到某现场进行抢救，看看哪组救援小分队能成为最佳救援队。

规则：各组成员人人参与，共同完成 5 组心肺复苏。

结果：根据仪器显示数据，选出最佳救援队。

活动总结

1. 展示与交流

①以组为单位，围坐在模拟人旁，对比各组的正确、错误率。

②引导学生思考，在体验过程中遇到最大的困难是什么？起初到最后错误率减小的原因是什么？同学们做了哪些改进？你在你的救援小分队里有没有扮演好救护人员的角色，

你为你的团队贡献了自己的力量没有？

2.评价与反思

"心肺复苏"个人总结与反思

姓名：　　　　　　　　　　　　　　　　　　　　　　　　　　　　　　　日期：

我的表现：
对此我的理解是：
应注意的事项（要点）：

"心肺复苏"学习单

[活动目标]

能说出心肺复苏的判断指标；体验救人过程，掌握心脏按压技巧；描述作为一名救护者的感受；小组合作共同托起生命的太阳，凝聚团队的力量，培养团队精神。

[评价与反思]

"心肺复苏"个人总结与反思

姓名：　　　　　　　　　　　　　　　　　　　　　　　　　　　　　　　日期：

我的表现：
对此我的理解是：
应注意的事项（要点）：

文 化

WENHUA

邱少云名人探究与事迹宣讲

适用年段：小学　　建议时间：120 分钟

活动目标

学会基本的演讲技巧；搜集并整理有关邱少云的个人信息与英雄事迹，了解邱少云的生平事迹，能够就邱少云的英雄事迹发表演讲，与人分享，与人共勉。

活动准备

材料：记事本、电脑、笔、纸、导入图片或视频及其他活动所需材料。

场地：主题活动室。

活动实施

1.情境导入

教师对学生进行提问：大家了解邱少云的英雄事迹吗？你对邱少云了解多少？你愿意用演讲的方式与大家分享吗？

（图源网络）

指导建议：教师引导学生查找资料、上网搜索邱少云的信息，搜集演讲的基本知识及注意事项。为活跃气氛，教师可安排几分钟的小游戏活动。

2.任务要求

任务：邱少云名人探究与事迹宣讲。

要求：(1)搜集并整理邱少云信息，各小组派一名同学进行邱少云事迹演讲；(2)每位演讲者用时不超过 5 分钟，内容要求有感染力，富有正面启迪意义。

3.讨论问题

学生围绕如何搜集所需信息，怎样运用演讲技巧等具体问题进行讨论，并制订小组活动方案。

4.制订方案

小组活动方案参考：

“邱少云名人探究与事迹宣讲”小组活动方案表

小组名称： 日期：

演讲人		演讲时长	
任务：			
演讲的主题及内容要点：			
活动策略(分工安排,演讲技巧,活动方法、步骤等)：			
搜集信息资料记录：			

5.任务实施

(1)小组搜集并整理邱少云信息资料。

(2)讨论、准备演讲稿,小组内部演讲排练。

(3)按抽签顺序,小组负责演讲的同学依次发表演讲。

(4)如何演讲。

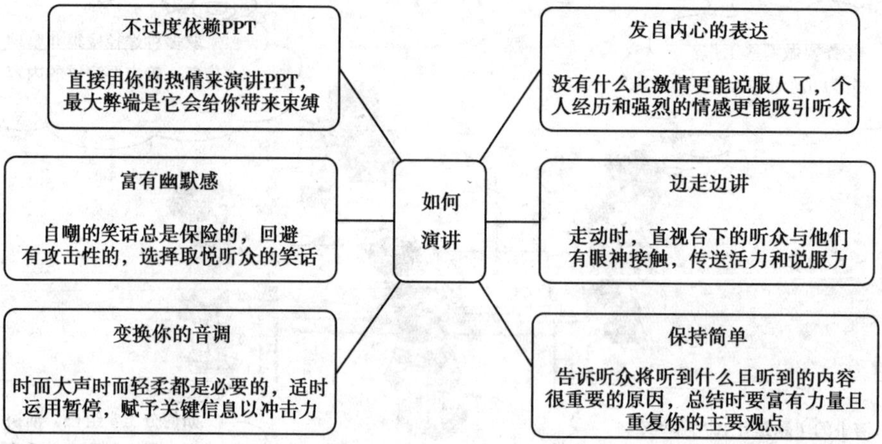

活动总结

1.展示与交流

围绕邱少云的英雄事迹给人的启示、如何使演讲更生动等，小组派代表发言，介绍演讲的经验与心得体会。

2.评价与反思

学生以小组为单位，按照评价表，对其他小组进行评价。

评价表

小组成员：　　　　　　　　　　　　　　　　　　　　　　　　　　总分：

评价项目	评价等级		
	一级（3分）	二级（2分）	三级（1分）
合　作	分工以不同方式搜集资料，讨论并制订演讲内容，积极配合小组演讲代表做好演讲	有分工安排，能围绕演讲分头搜集信息，具有团队合作意识	无合理的活动计划，演讲内容准备不充分，无良好的合作氛围
实　践	能按计划开展活动，恰当运用演讲方法，演讲内容有趣、富有感染力、具有正面启发意义，顺利完成任务	能按计划开展活动，能运用演讲方法，演讲内容有趣，具有正面启发意义，完成演讲任务	未能按计划开展活动，参加演讲但准备不充分，演讲效果一般
交　流	有条理地说明任务完成情况，能积极交流使演讲更生动的经验，善于表达感悟与体会	能明晰地说明任务完成情况，能认真表达感悟与体会	能说明活动完成情况，未能分享活动体会

“邱少云名人探究与事迹宣讲”学习单

［活动目标］

学会基本的演讲技巧；搜集并整理有关邱少云的个人信息与英雄事迹，了解邱少云的生平事迹，能够就邱少云的英雄事迹发表演讲，与人分享、与人共勉。

［活动方案］

“邱少云名人探究与事迹宣讲”小组活动方案表

小组名称：　　　　　　　　　　　　　　　　　　　　　　　　日期：

演讲人		演讲时长	
任务：			
演讲的主题及内容要点：			
活动策略(分工安排，演讲技巧，活动方法、步骤等)：			
搜集信息资料记录：			

［评价与反思］

评价表

小组成员：　　　　　　　　　　　　　　　　　　　　　　　　总分：

评价项目	评价等级		
	一级(3分)	二级(2分)	三级(1分)
合　作	分工以不同方式搜集资料，讨论并制订演讲内容，积极配合小组演讲代表做好演讲	有分工安排，能围绕演讲分头搜集信息，具有团队合作意识	无合理的活动计划，演讲内容准备不充分，无良好的合作氛围
实　践	能按计划开展活动，恰当运用演讲方法，演讲内容有趣、富有感染力、具有正面启发意义，顺利完成任务	能按计划开展活动，能运用演讲方法，演讲内容有趣，具有正面启发意义，完成演讲任务	未能按计划开展活动，参加演讲但准备不充分，演讲效果一般
交　流	有条理地说明任务完成情况，能积极交流使演讲更生动的经验，善于表达感悟与体会	能明晰地说明任务完成情况，能认真表达感悟与体会	能说明活动完成情况，未能分享活动体会

渣滓洞里讲故事

适用年段：小学　　建议时间：120 分钟

活动目标

聆听渣滓洞的故事或传说，能记录并复述故事梗概；能从中选取最有感触的内容，用适当的形式演绎出革命同志被捕后忠贞不屈、视死如归的革命态度；能够体验到现在的幸福生活都是来自当年许多革命同志的贡献与牺牲，从而自发地养成对待苦难淡然处之、对待困难不屈不挠的精神。

活动准备

材料：扩音器（教师准备）、相机、绘画工具、音乐器材（自备）、纸、笔（学生自备）、导入视频或图片及其他活动所需材料。

场地：旅游资源区。

活动实施

1.情境导入

渣滓洞原是重庆郊外的一个小煤窑，因渣多煤少而得名。1939 年，国民党军统特务逼死矿主，霸占煤窑，在此设立了监狱。大家都喜欢听故事吧？想不想听渣滓洞的故事？最关心哪些革命先烈当年被捕后的处境？

2.知识预备

教师介绍渣滓洞的结构、历史、革命故事等，介绍观察记录法的基本知识，例如观察记录的方法有很多，常见的有文字描述、表格记录和图形记录等方法。

指导建议：教师事先联络渣滓洞工作人员，希望其讲述渣滓洞的历史变迁与革命斗争故事，内容适合讲给三到四年级的学生听，要求思想健康且有正面教育意义。

3. 布置任务

任务：听渣滓洞中的故事。

要求：听故事并按下表做好记录。以小组为单位，讨论选择自己感触最深的故事内容，以喜欢的艺术表现形式（如故事、小品、诗歌、舞蹈、绘画、音乐等），创作文艺作品，并为师生表演，时长 5 分钟左右。

“渣滓洞里讲故事”个人记录表

姓名：　　　　　　　　　　　　　　　　　　　　　　　　　　　日期：

故事名		讲故事者	
我听到的故事要点：			
我的感想：			
我最关注			
其他			

4. 聆听记录

教师带领学生和渣滓洞工作人员见面，相互介绍。学生听工作人员讲故事，及时做好记录，并参考下面思维导图所示的方法提问、倾听。

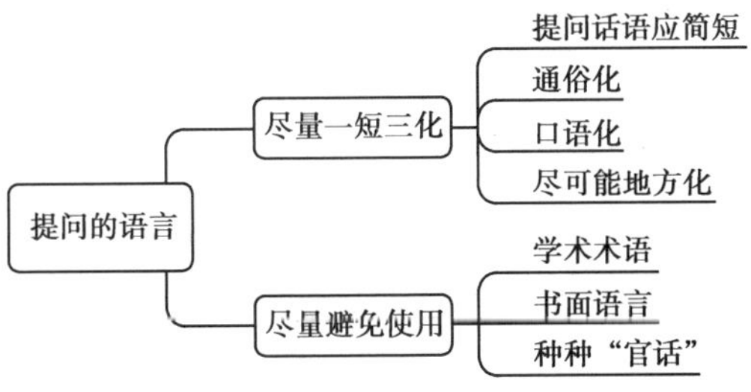

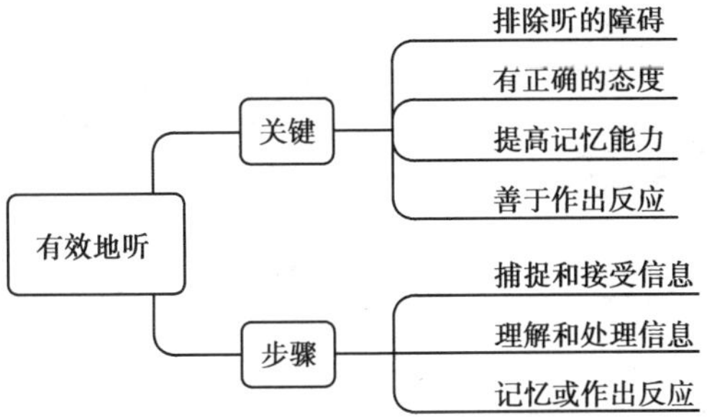

5.制订方案

“渣滓洞里讲故事”小组活动方案表

小组名称：　　　　　　　　　　　　　　　　　　　　　　　　　　　　日期：

<table>
<tr><td>特别关注</td><td></td></tr>
<tr><td>故事情节</td><td></td></tr>
<tr><td colspan="2">表演的形式、名称及主题：</td></tr>
<tr><td colspan="2">活动策略(分工安排,自制道具,活动采用的方法、步骤等)：</td></tr>
<tr><td colspan="2">思考、体会：</td></tr>
</table>

6.文艺表演

教师依据各小组的节目形式和内容等,决定演出顺序,各小组依次表演本组的文艺节目。

活动总结

1.展示与交流

由各小组代表,围绕“哪些故事最感动本组的同学?”“本组的文艺节目表达了怎样的情感?”“看了其他组的表演受到了哪些启发?”等展开交流活动。

2.评价与反思

学生以小组为单位,按照评价表,对其他小组进行评价。

评价表

小组成员: 总分:

评价项目	评价等级		
	一级(3分)	二级(2分)	三级(1分)
合作	有讨论,有分工,积极承担自己的任务,主动帮助同学	有讨论,有分工,在承担自己的任务的同时愿意帮助同学	鲜有讨论,小组成员不能够相互配合
实践	认真听故事,记录及时、完整;演出活动有计划、有策略、有思想、有情感表达;顺利完成任务	认真听故事,记录及时;演出活动有计划、有思想、有情感表达;完成任务	听完故事,有记录;演出活动基本上完成
交流	态度积极,乐于分享本组的活动体会,叙述有条理	能说明本组完成任务的情况,能分享本组的活动体会	仅能说明本组完成任务的情况

“渣滓洞里讲故事”学习单

[活动目标]

聆听渣滓洞的故事或传说,能记录并复述故事梗概;能从中选取最有感触的内容,用适当的形式演绎出革命同志被捕后忠贞不屈、视死如归的革命态度;能够体验到现在的幸福生活都是来自当年许多革命同志的贡献与牺牲,从而自发的养成对待苦难淡然处之、对待困难不屈不挠的精神。

[活动方案]

“渣滓洞里讲故事”小组活动方案表

小组名称： 日期：

<table>
<tr><td>特别关注</td><td></td></tr>
<tr><td>故事情节</td><td></td></tr>
<tr><td colspan="2">表演的形式、名称及主题：</td></tr>
<tr><td colspan="2">活动策略(分工安排,自制道具,活动采用的方法、步骤等)：</td></tr>
<tr><td colspan="2">思考、体会：</td></tr>
</table>

[评价与反思]

“渣滓洞里讲故事”个人总结与反思

姓名： 日期.

<table>
<tr><td>我的表现</td><td></td></tr>
<tr><td colspan="2">我听到的最感兴趣的故事是：</td></tr>
<tr><td>我的感受</td><td></td></tr>
</table>

评价表

小组成员：　　　　　　　　　　　　　　　　　　　　　　　　　　　总分：

评价项目	评价等级		
	一级(3分)	二级(2分)	三级(1分)
合　作	有讨论,有分工,积极承担自己的任务,主动帮助同学	有讨论,有分工,在承担自己的任务的同时愿意帮助同学	鲜有讨论,小组成员不能够相互配合
实　践	认真听故事,记录及时、完整;演出活动有计划、有策略、有思想、有情感表达;顺利完成任务	认真听故事,记录及时;演出活动有计划、有思想、有情感表达;完成任务	听完故事,有记录;演出活动基本上完成
交　流	态度积极,乐于分享本组的活动体会,叙述有条理	能说明本组完成任务的情况,能分享本组的活动体会	仅能说明本组完成任务的情况

认识与演奏打击乐器

适用年段：小学　　建议时间：90 分钟

活动目标

了解中国传统的打击乐器，自主探究打击乐器演奏的要点；小组用打击乐器演奏歌曲，增强对音乐节奏的掌握度；感受中国传统打击乐器的魅力，提升音乐素养。

活动准备

材料：图片、音乐、各类打击乐器（每组都有 6~8 种打击乐器）、音乐播放器（每组一个）、记事本、笔及其他活动所需材料。

场地：音乐大课堂。

活动实施

1.情境导入

教师播放视频《打击乐器演奏》，提问学生有没有见过这类乐器，让学生总结这类乐器的特点，并引导出打击乐器的概念。

2.乐器了解

教师出示鼓、双响筒、三角铁、铃鼓、串铃、响板、钹、碰铃、沙槌（沙球），示范性地敲击或者演奏这些乐器，学生可同时进行模仿。此外，教师可在示范过程中对该乐器进行简单的描述，让学生了解该乐器的简要概况和演奏方法。

（1）鼓：在坚固的且一般为圆桶形的鼓身的一面或双面蒙上一块拉紧的膜，可以用手或鼓杵敲击出声。

（2）双响筒：一种竹制或木制的圆筒形打击乐器，中间细，两头粗，两侧的筒能够发出两种不同音高的声音。先敲低音，再敲高音，可显得活泼有趣，但一定要整齐一致，否则会影响效果。

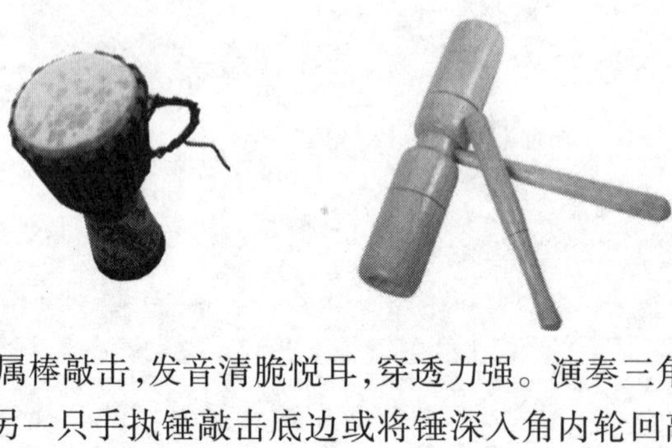

（3）三角铁：用一金属棒敲击，发音清脆悦耳，穿透力强。演奏三角铁时，顶端用绳系住，拇指、食指握套绳下方，另一只手执锤敲击底边或将锤深入角内轮回敲击三角铁三条边，要停止发音时，可用右手碰一下或捏住一角即可。

（4）铃鼓：一种色彩性很强的节奏打击乐器，节奏自由，可即兴发挥。演奏时，多用左手持鼓，以右手手指或手掌击奏。摇动鼓身，可使小钹同时作响。

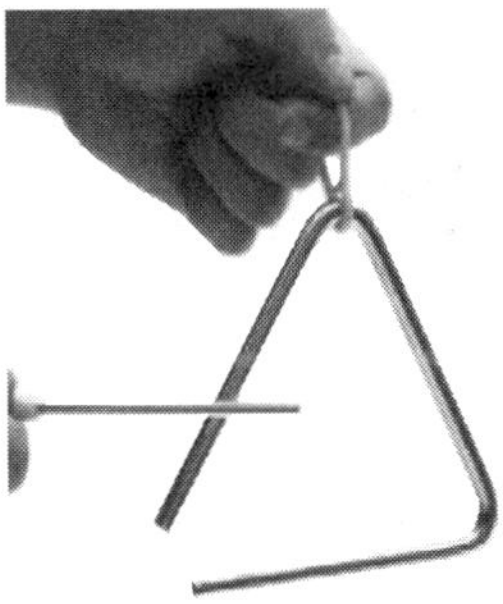

(5)串铃：由多个小铃串在一起形成，演奏时，右手拿一把串铃往左手掌上扣，也可以双手拿串铃同时摇，节奏可快些，强拍、弱拍都响。

(6)响板：以贝壳形的两块乌木分别绑在拇指和中指上，也可装在木柄上碰奏，发出坚硬的嗒嗒声。

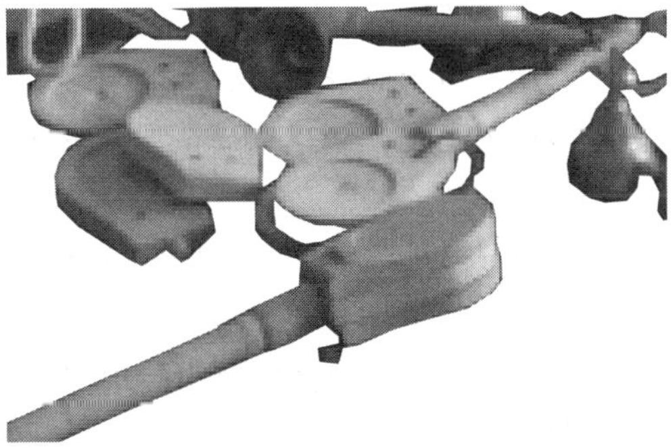

(7)钹：由两个圆形的铜片互相撞击发声的。一般演奏者双手各拿一面钹，互相敲击发出声音。也有用单片来演奏：用小锤、筷子或木棍敲击钹的边缘，能发出非常不同的音响效果。

(8)碰铃：由铜制成的双铃互相碰击。由于碰铃的共鸣大，演奏时不要重击，要停止发音时，往胸前一按即可。

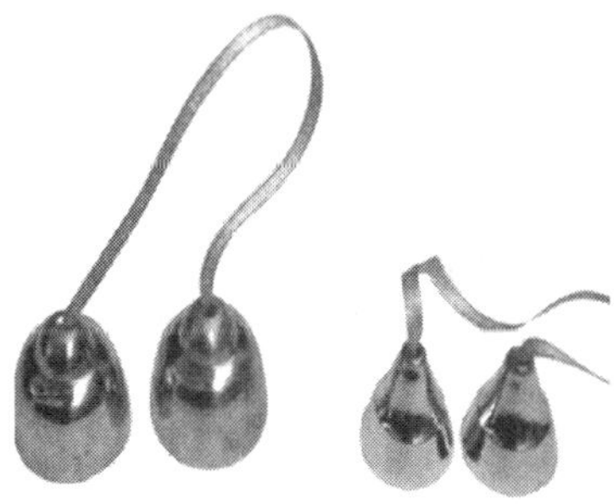

(9)沙槌(沙球)：摇奏体鸣乐器，摇动时硬粒撞击葫芦壁发声，通常双手各持一支摇。

指导建议：教师在示范时应着重介绍打击乐器的构成以及演奏方式。

3.要点探究

教师播放一段音乐《小小少年》，用不同的打击乐器跟着音乐演奏，也可播放打击音乐的相关视频，让学生自主探究打击乐器演奏的要点。

指导建议：学生探究出的要点与节奏有关即可。

4.布置任务

任务：用打击乐器跟着音乐演奏。

要求：（1）演奏符合音乐节奏，强弱有序；（2）演奏乐器分配合理，不是一味地全曲用所有乐器演奏。

指导建议：教师应给出不同的音乐让不同的小组进行演奏。

5.制订方案

小组内部讨论、交流，提出问题和困难，商量如何加以解决并确定小组活动方案，制订小组活动方案表。

指导建议：学生在讨论制订方案时，老师需巡视查看，对设计有困难的小组要予以适当引导。

"认识与演奏打击乐器"小组活动方案表

小组名称： 日期：

任　务		组　长	
什么是打击乐器？			
各类打击乐器的简单说明：			

续表

打击乐器演奏的要点：
分工安排（乐器分配、乐器演奏、指挥等）：
遇到的困难及解决方式：

6.任务实施

（1）熟悉音乐：小组聆听教师所给音乐，熟悉音乐节奏、情绪。

（2）手打节拍：小组试着边听音乐，边用手打出音乐的节拍与强弱拍。

（3）乐器分配：根据音乐节奏，分配各种打击乐器演奏的阶段及频次。

（4）合奏练习：小组按照设计的节奏进行合奏练习。

指导建议：教师应关注学生打节拍、乐器分配的过程，提醒学生要按照各类打击乐器的声音分配，并引导学生解决在操作过程中所遇到的困难，同时引导其总结经验。

活动总结

1.展示与交流

学生以小组为单位，利用本组的打击乐器演奏本组的音乐，介绍乐器分配理念，并分享练习、演奏的心得和体会。

指导建议：学生在教师的引导下，就活动中的一些现象进行讨论，如你觉得哪个小组演奏的音乐比较吸引你？为什么？你受到了什么启发？你们小组在活动过程中遇到了什么困难，你们是如何解决的？你觉得其他小组哪些地方做得比较好？等等。

2.评价与反思

学生以小组为单位，按照评价表，对其他小组进行评价。

评价表

小组成员：　　　　　　　　　　　　　　　　　　　　　　　　　总分：

评价项目	评价等级		
	一级（3分）	二级（2分）	三级（1分）
知　识	能总结出打击乐器的定义以及教师出示打击乐器的说明及演奏方式	能总结出打击乐器的定义以及教师出示打击乐器的部分说明及演奏方式	不能总结出打击乐器的定义以及教师出示打击乐器的说明及演奏方式
探　究	能自主探究出教师出示的打击乐器演奏的要点	能自主探究出教师出示的部分打击乐器演奏的要点	不能自主探究出教师出示的打击乐器演奏的要点
演　奏	演奏音乐节奏感强，强弱有序	演奏音乐节奏感较强，强弱有序	演奏音乐节奏感较弱，强弱无序

“认识与演奏打击乐器”学习单

［活动目标］

了解中国传统的打击乐器，自主探究打击乐器演奏的要点；小组用打击乐器演奏歌曲，增强对音乐节奏的掌握度；感受中国传统打击乐器的魅力，提升音乐素养。

［活动方案］

“认识与演奏打击乐器”小组活动方案表

小组名称：　　　　　　　　　　　　　　　　　　　　　　　　　日期：

任　务		组　长	
什么是打击乐器？			

续表

各类打击乐器的简单说明：
打击乐器演奏的要点：
分工安排(乐器分配、乐器演奏、指挥等)：
遇到的困难及解决方式：

[评价与反思]

评价表

小组成员：　　　　　　　　　　　　　　　　　　　　　总分：

评价项目	评价等级		
	一级(3 分)	二级(2 分)	三级(1 分)
知　识	能总结出打击乐器的定义以及教师出示打击乐器的说明及演奏方式	能总结出打击乐器的定义以及教师出示打击乐器的部分说明及演奏方式	不能总结出打击乐器的定义以及教师出示打击乐器的说明及演奏方式
探　究	能自主探究出教师出示的打击乐器演奏的要点	能自主探究出教师出示的部分打击乐器演奏的要点	不能自主探究出教师出示的打击乐器演奏的要点
演　奏	演奏音乐节奏感强，强弱有序	演奏音乐节奏感较强，强弱有序	演奏音乐节奏感较弱，强弱无序

国学经典诵读

适用年段：小学　　建议时间：100分钟

活动目标

诵读国学经典，增强读书兴趣，提高文学素养；学会自制符号系统标示朗诵内容，掌握朗诵技巧，提升朗读水平。

活动准备

材料：电脑、多媒体课件、纸、笔、导入朗诵视频或图片及其他活动所需材料。

场地：铜梁书院文化区。

活动实施

1.朗读欣赏

教师播放《三字经》的诵读音频，讲解朗诵的相关知识、技巧以及注意事项。

<table>
<tr><td>朗诵的基本要求</td><td>要有规范的语言基本功，要求口齿清晰、字正腔圆、声情并茂</td></tr>
<tr><td>朗诵前的准备</td><td>选择朗读材料；把握作品内容；用自制符号标示朗读内容</td></tr>
<tr><td colspan="2">朗读的技巧</td></tr>
<tr><td colspan="2">①停顿：包括生理停顿、语法停顿和强调停顿</td></tr>
<tr><td colspan="2">②重音：包括强调重音和语法重音</td></tr>
<tr><td colspan="2">③语速：朗诵时每个音节的长短及音节之间连接的松紧</td></tr>
<tr><td colspan="2">④句调：语句的高低升降，包括升调(↑)、降调(↓)、平调(—)和曲调</td></tr>
</table>

指导建议：本次活动针对的是小学生，教师可以结合名家的朗诵音频、视频或亲自示范，讲解一些简单必要、通俗易懂的朗诵知识与技巧，不要深入挖掘和涉及过多的语法知识。

2.自制符号系统

学生自己制订一套易于记忆和使用的朗诵符号标示系统，方便记录和提示。欣赏朗诵音频时，运用所学知识和自制的记录符号，将聆听的结果和心得记录下来。试着用自制的符号对一段文字进行标示，力求熟练运用。

推荐符号如下：

停顿号	间歇号	连接号	重音号	延　长	平　声	仄　声	入　声
/	……	——	～～～	＝＝＝	→	×	◎

3.布置任务

任务:小组合作,运用符号系统做好标记;小组排练,选取本组的“诵读之星”。

推荐书目:《三字经》《弟子规》《千字文》《百家姓》《声律启蒙》《笠翁对韵》《朱子童蒙须知》《唐诗三百首》等。

要求:(1)以小组为单位,从“推荐书目”中选取相应的作品(每组一部作品);(2)每组选取的朗诵内容要有一定的长度,朗诵时间不得少于5分钟;(3)运用所学的朗诵技巧和自制的符号系统将所选内容做好标记;(4)每组朗诵形式力求多样化,可以集体朗诵、单个朗诵或分段合作朗诵等,并对朗诵者做出相应的点评和记录;(5)评选出本组的“诵读之星”。

4.制订活动方案

“国学经典诵读”小组活动方案表

小组名称: 日期:

<table>
<tr><td colspan="2">小组成员</td><td></td></tr>
<tr><td colspan="2">我们要朗诵的国学经典</td><td></td></tr>
<tr><td colspan="2">我们需要的工具</td><td></td></tr>
<tr><td colspan="2">活动过程中遇到的问题</td><td></td></tr>
<tr><td colspan="2">我们组团队展示形式</td><td></td></tr>
<tr><td>任务分工</td><td>人员分配</td><td>小组评价及注意事项</td></tr>
<tr><td></td><td></td><td></td></tr>
<tr><td></td><td></td><td></td></tr>
<tr><td></td><td></td><td></td></tr>
<tr><td></td><td></td><td></td></tr>
<tr><td></td><td></td><td></td></tr>
<tr><td></td><td></td><td></td></tr>
<tr><td></td><td></td><td></td></tr>
<tr><td>本组“诵读之星”</td><td></td><td>评　语:</td></tr>
</table>

指导建议:小组分工的总原则是每人至少承担一项任务,并且得自己签名确认。本次活动的人员分工可以包括以下职责:统筹协调、朗读内容确定、朗读场景照片拍摄、平仄区分、声情分析、展示队形、时间提醒、环境调控等内容。其中“平仄区分”是对朗诵内容中所有的平声字、仄声字,特别是入声字加以识别、整理、强调;“声情分析”是将韵字、重读音、停顿节点等对情感表达或情绪传达的分析;“展示队形”是对本组团体展示时的队形设计与演练。

5.任务实施

学生以小组为单位进行分工与合作，运用符号标记所选国学经典；进行排练，评选小组"诵读之星"；排练结束后，小组抽签，按照顺序进行小组团队诵读表演。

指导建议：教师可根据小组的实际情况，指导学生对国学经典内容的朗读是否合理，排练的时间控制是否得当，展示形式是否新颖，"诵读之星"在展示环节的作用等（是领读、单独朗诵还是与全组交替合作朗诵）。

活动总结

1.展示与交流

各小组按照抽签顺序集体上台，由组长介绍本组所选朗诵的国学经典内容、排练情况、诵读之星、展示形式等；集体朗诵所选内容；每一组展示完毕后可以由一两位同学分享自己在本次朗诵活动中自制的朗诵符号标示系统。

2.评价与反思

学生以小组为单位，按照评价表，对其他小组进行评价。

评价表

小组成员： 总分：

评价项目	评价等级		
	一级（3分）	二级（2分）	三级（1分）
合　作	能积极讨论确定本组朗诵内容，小组成员既有分工又有合作	能讨论确定本组朗诵内容，有分工，能协作	未能确定统一的朗诵内容，小组成员无合作态度
实　践	能按照小组确定的活动方案表，运用所学朗读技巧进行朗诵，能自制出完整的朗诵符号标示系统。合理分工，顺利完成排练，并选出"诵读之星"	能按照小组确定的活动方案表，按照分工，有自制的朗诵符号标示系统，初步完成本组排练，未选出"诵读之星"	没能制订好小组的活动方案表，没有制订出朗诵符号标示系统，没有完成本组排练，未能选出"诵读之星"
交　流	能非常合理地对本组的朗诵内容、分工、评选"诵读之星"等进行准确、明晰的阐述	能对本组的朗诵内容、分工、评选"诵读之星"等进行完整的阐述	对本组的朗诵内容、分工、评选"诵读之星"等不能完整地阐述，含糊不清

"国学经典诵读"学习单

［活动目标］

诵读国学经典，增强读书兴趣，提高文学素养；学会自制符号系统标示朗诵内容，掌握朗诵技巧，提升朗读水平。

[活动方案]

“国学经典诵读”小组活动方案表

小组名称：　　　　　　　　　　　　　　　　　　　　　　日期：

<table>
<tr><td colspan="2">小组成员</td><td></td></tr>
<tr><td colspan="2">我们要朗诵的国学经典</td><td></td></tr>
<tr><td colspan="2">我们需要的工具</td><td></td></tr>
<tr><td colspan="2">活动过程中遇到的问题</td><td></td></tr>
<tr><td colspan="2">我们组团队展示形式</td><td></td></tr>
<tr><td>任务分工</td><td>人员分配</td><td>小组评价及注意事项</td></tr>
<tr><td></td><td></td><td></td></tr>
<tr><td></td><td></td><td></td></tr>
<tr><td></td><td></td><td></td></tr>
<tr><td></td><td></td><td></td></tr>
<tr><td></td><td></td><td></td></tr>
<tr><td></td><td></td><td></td></tr>
<tr><td></td><td></td><td></td></tr>
<tr><td>本组“诵读之星”</td><td></td><td>评　语：</td></tr>
</table>

[评价与反思]

“国学经典诵读”个人总结与反思

姓名：　　　　　　　　　　　　　　　　　　　　　　日期：

我的表现：
我学到的朗读技巧：

续表

本次活动我还收获了：
通过类似活动，我还希望：

评价表

小组成员： 总分：

评价项目	评价等级		
	一级(3分)	二级(2分)	三级(1分)
合　作	能积极讨论确定本组朗诵内容,小组成员既有分工又有合作	能讨论确定本组朗诵内容,有分工,能协作	未能确定统一的朗诵内容,小组成员无合作态度
实　践	能按照小组确定的活动方案表,运用所学朗读技巧进行朗诵,能自制出完整的朗诵符号标示系统。合理分工,顺利完成排练,并选出“诵读之星”	能按照小组确定的活动方案表,按照分工,有自制的朗诵符号标示系统,初步完成本组排练,未选出“诵读之星”	没能制订好小组的活动方案表,没有制订出朗诵符号标示系统,没有完成本组排练,未能选出“诵读之星”
交　流	能非常合理地对本组的朗诵内容、分工、评选“诵读之星”等进行准确、明晰的阐述	能对本组的朗诵内容、分工、评选“诵读之星”等进行完整的阐述	对本组的朗诵内容、分工、评选“诵读之星”等不能完整地阐述,含糊不清

铜梁红色名人探究

适用年段：小学　　建议时间：90 分钟

活动目标

了解铜梁红色名人及其生平事迹，知道他们的奋斗和成长历程；运用思维导图制作出红色名人的人物生平、历史事迹、历史贡献，等等，锻炼信息搜集能力，提高逻辑思考与思维发散能力；体会红色名人的奋斗历程，学习红色名人的优秀人文和革命精神。

活动准备

材料：导入图片、A3 白纸、彩笔、直尺、水性笔、计时器、电脑（联网）。

场地：教室。

活动实施

1.情境导入

教师播放视频《在烈火中永生——邱少云》，提问学生是否知道有关邱少云的事迹并表述出来。

指导建议：在学生表述过程中，教师可引导学生从生平事迹、体现精神，以及自己学到的知识等方面进行叙述。同时，最后将学生的回答加以总结并阐述。

2.名人探究

教师引导学生思考，在铜梁，除了邱少云，还有其他的红色名人吗？鼓励学生自己查找相关资料，并将自己找到的其他铜梁名人的事迹简要地记录在学习单中。

3.布置任务

（1）明确任务。

教师提问：我们发现在铜梁有很多红色名人值得我们学习，那么，我们能够以思维导图的方式，画出这些名人的生平事迹、人文精神吗？

（2）任务：制作出一个有关铜梁红色名人的思维导图。

（3）要求：①小组合作，完成一位铜梁红色名人（除邱少云外）的思维导图并画下来；②至少涉及该名人生平事迹、人文及革命精神的详细内容；③思维导图逻辑清晰、设计美观、富有想象力。

4.思维导图学习

（1）概念总结。

根据任务，教师引导学生提问什么是思维导图并出示简单的思维导图图片，引导学生总结思维导图特点，并予以总结思维导图的概念。

（2）思维导图练习。

教师引导学生在熟悉英雄邱少云的情况下，试着用思维导图简单地表达出英雄邱少云的生平事迹及人文精神。

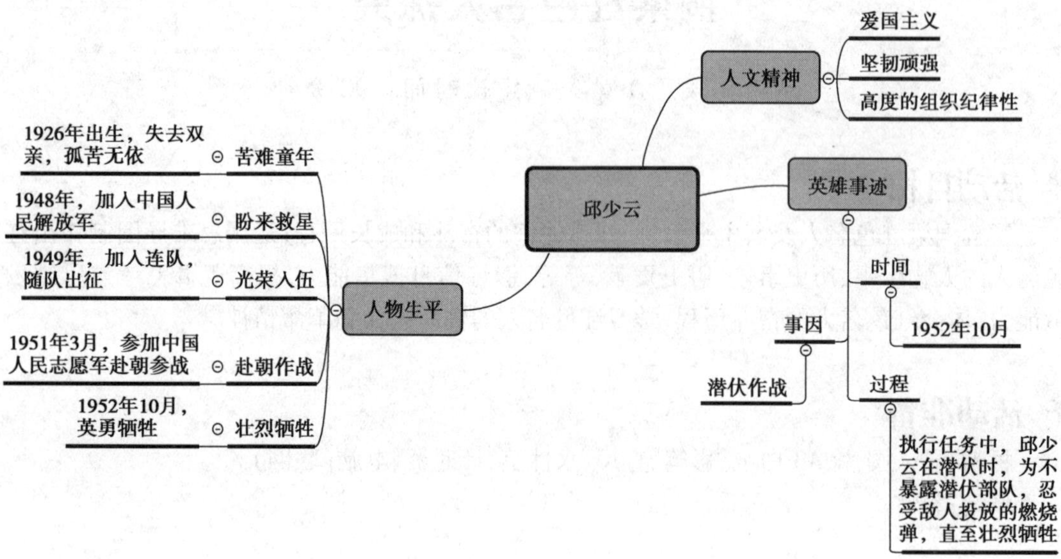

指导建议：教师在学生练习途中，对有困难和不懂的学生，要及时给予适当的指导及帮助。同时，引导学生在练习中，根据逻辑和层次关系进行思维导图支架的构建。

5.制订方案

各小组根据实际情况，在组长的带领下，制订详细的活动方案，明确活动安排。

“铜梁红色名人探究”小组活动方案表

小组名称：　　　　　　　　　　　　　　　　　　　　　　日期：

<table>
<tr><td>小组成员</td><td></td><td>组　长</td><td colspan="2"></td></tr>
<tr><td colspan="5">我找到的铜梁红色名人是谁？他(她)的生平事迹是怎样的？</td></tr>
<tr><td colspan="2">小组确定研究铜梁红色名人</td><td colspan="3"></td></tr>
<tr><td colspan="2">分工</td><td>职责</td><td colspan="2">负责人</td></tr>
<tr><td colspan="2">组长</td><td>负责本组的领导工作</td><td colspan="2"></td></tr>
<tr><td colspan="2">设计员</td><td>负责设计思维导图外观、颜色搭配、图文格式</td><td colspan="2"></td></tr>
<tr><td colspan="2">思维导图制作员</td><td>负责思维导图的框架构建</td><td colspan="2"></td></tr>
</table>

续表

信息采集员	负责资料的采集、处理、整理工作	
我们遇到了怎样的困难？怎样解决的？		

6.执行任务

(1)查找资料。

学生针对教师布置的任务，小组合作利用电脑、书籍、采访等方式搜集有关铜梁红色名人的详细资料。

(2)思维导图支架构建。

学生根据搜集的内容，利用层级关系与逻辑推理能力，小组构建思维导图支架。

(3)思维导图完成。

对构建好的思维导图支架进行设计上的美化与内容上的补充，完成思维导图。

指导建议：教师在学生进行操作的过程中进行巡视，并引导学生解决在操作过程中所遇到的困难，总结经验。同时，在任务实施环节，教师可将练习环节制作的有关邱少云的思维导图和其他名人的思维导图作为示例放在课件中供学生参考。

活动总结

1.展示与交流

比较各小组的思维导图，让每个小组依次给其他组的同学讲解小组思维导图的逻辑、内容以及设计灵感，表现出该小组从红色名人身上学到的精神。同时，这种思维导图逻辑思维发散方式可以运用到学习、生活中哪些其他方面。

2.评价与反思

根据评价表，对各小组活动过程中的表现进行评价。

评价表

小组成员：　　　　　　　　　　　　　　　　　　　　　　　　　　总分：

评价项目	评价等级		
	一级(3分)	二级(2分)	三级(1分)
内容展示	思维导图内容全面，涉及名人生平事迹、人文及革命精神且每个方面信息量全，有延展性	思维导图内容较全面，涉及名人生平事迹、人文及革命精神中的两个方面。但是每个方面信息量有较少缺失，有一定延展性	思维导图内容不全，只涉及名人生平事迹、人文及革命精神中的一个方面。该方面信息量有一定缺失，有一定延展性

续表

评价项目	评价等级		
	一级(3分)	二级(2分)	三级(1分)
逻辑思维	思维导图层次分级清晰,逻辑思维明确	思维导图层次分级比较清晰,逻辑思维较为明确,存在一定混乱	思维导图层次分级不清晰,有一定的逻辑思维但是比较混乱
设计想象	思维导图的颜色搭配合理,形式美观,连接方式富有创造力	思维导图的颜色搭配较为合理,形式比较美观,连接方式有一定创新但是类似于流程图	思维导图的颜色搭配不合理,形式不美观,连接方式与流程图类似

知识链接

1.思维导图:思维导图运用图文并茂的技巧,把各级主题的关系用相互隶属与相关的层级图表现出来,把主题关键词与图像、颜色等建立记忆链接。

2.其他名人思维导图参考:

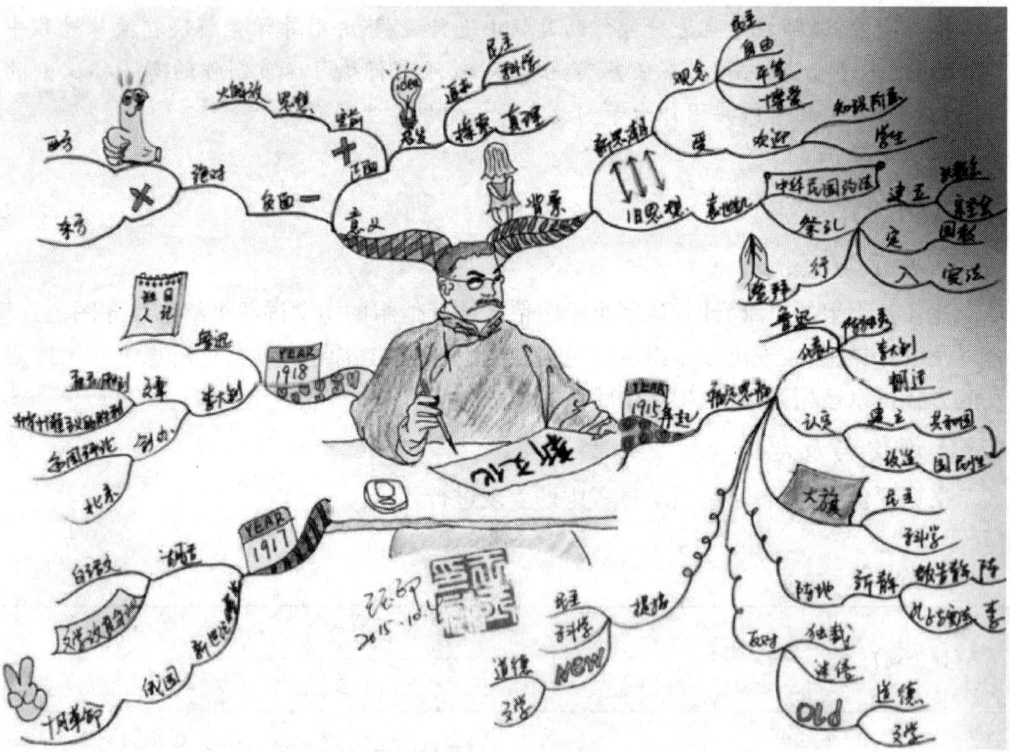

玉印老师《新文化运动》原图

“铜梁红色名人探究”学习单

[活动目标]

了解铜梁红色名人及其活动，知道他们的奋斗和成长历程；运用思维导图制作出红色名人的人物生平、历史事迹、历史贡献，等等，锻炼信息搜集能力，提高逻辑思考与思维发散能力；体会红色名人的奋斗历程，学习红色名人的优秀人文和革命精神。

[活动方案]

“铜梁红色名人探究”小组活动方案表

小组名称：　　　　　　　　　　　　　　　　　　　　　　　　　日期：

<table>
<tr><td>小组成员</td><td></td><td>组　长</td><td></td></tr>
<tr><td colspan="4">我找到的铜梁红色名人是谁？他(她)的生平事迹是怎样的？</td></tr>
<tr><td colspan="2">小组确定研究铜梁红色名人</td><td colspan="2"></td></tr>
<tr><td colspan="2">分　工</td><td>职　责</td><td>负责人</td></tr>
<tr><td colspan="2">组长</td><td>负责本组的领导工作</td><td></td></tr>
<tr><td colspan="2">设计员</td><td>负责设计思维导图外观、颜色搭配、图文格式</td><td></td></tr>
<tr><td colspan="2">思维导图制作员</td><td>负责思维导图的框架构建</td><td></td></tr>
<tr><td colspan="2">信息采集员</td><td>负责资料的采集、处理、整理工作</td><td></td></tr>
<tr><td colspan="4">我们遇到了怎样的困难？怎样解决的？</td></tr>
</table>

[评价与反思]

评价表

小组成员：　　　　　　　　　　　　　　　　　　　　　　　　　　　　　总分：

评价项目	评价等级		
	一级(3分)	二级(2分)	三级(1分)
内容展示	思维导图内容全面,涉及名人生平事迹、人文及革命精神且每个方面信息量全,有延展性	思维导图内容较全面,涉及名人生平事迹、人文及革命精神中的两个方面。但是每个方面信息量有较少缺失,有一定延展性	思维导图内容不全,只涉及名人生平事迹、人文及革命精神中的一个方面。该方面信息量有一定缺失,有一定延展性
逻辑思维	思维导图层次分级清晰,逻辑思维明确	思维导图层次分级比较清晰,逻辑思维较为明确,存在一定混乱	思维导图层次分级不清晰,有一定的逻辑思维但是比较混乱
设计想象	思维导图的颜色搭配合理,形式美观,连接方式富有创造力	思维导图的颜色搭配较为合理,形状比较美观,连接方式有一定创新但是类似于流程图	思维导图的颜色搭配不合理,形状不美观,连接方式与流程图类似

铜梁龙灯彩扎工艺模拟申遗

适用年段：小学　　建议时间：90 分钟

活动目标

通过开展龙灯彩扎工艺模拟申遗活动，学生能够说出至少三点龙灯彩扎工艺的特点；能够对当地龙灯彩扎工艺进行模拟申遗；形成传承与保护当地非物质文化遗产的意识。

活动准备

材料：电脑（联网）、扩音器、记录用纸和笔等。

场地：非物质文化遗产馆。

活动实施

1.情境导入

教师播放铜梁龙灯会节日上演的相关视频，引导学生观察并记录，然后组织学生相互讨论这一传统手工艺术，吸引学生注意力。

2.知识预备

教师对龙灯工艺和所用工具进行介绍，指出完成一个"龙灯"需要经历编龙骨、裱龙身、勾龙筋（线）等环节。另外，从有关部门获悉，在重庆政府公布的《重庆市第一批省级非物质文化遗产名录》上，铜梁非物质文化遗产项目入选，龙灯彩扎工艺位列其中，龙灯彩扎被称为"巴渝民间艺术瑰宝"，这项始于明盛于清的技艺，在 2007 年 9 月被列入重庆市首批非物质文化遗产名录，彩扎的龙灯、龙具还曾 3 次参加国庆盛典。铜梁也由此被誉为"龙灯之乡"，被文化和旅游部命名为"中国民间艺术之乡"。教师顺势导出此次活动任务。

3.布置任务

任务：龙灯彩扎工艺模拟申遗。

要求：学生以小组为单位，在规定时间内，进行龙灯彩扎工艺模拟申遗活动。

4.制订方案

学生以小组为单位,围绕模拟申遗流程、铜梁龙灯及彩扎工艺进行充分讨论,对所需资料进行搜集、整理,并制订本组活动方案。

"铜梁龙灯彩扎工艺模拟申遗"小组活动方案表

小组名称:　　　　　　　　　　　　　　　　　　　　　　　　　　日期:

<table>
<tr><td>申遗项目</td><td></td></tr>
<tr><td>申遗项目历史</td><td></td></tr>
<tr><td>申遗理由</td><td></td></tr>
<tr><td>保护建议</td><td></td></tr>
<tr><td>科学意义</td><td></td></tr>
<tr><td colspan="2">小组分工</td></tr>
<tr><td>任务与职责</td><td>负责人</td></tr>
<tr><td>陈述员</td><td></td></tr>
<tr><td>辩论员</td><td></td></tr>
<tr><td>资料员</td><td></td></tr>
<tr><td>记录员</td><td></td></tr>
</table>

5.任务实施

学生以小组为单位,依据活动方案表,提交龙灯彩扎工艺模拟申遗项目并对申遗项目历史、申遗理由、保护建议和科学意义进行陈述,然后组与组之间相互提问与答辩。

活动总结

1. 展示与交流

教师组织小组讨论,对整个活动过程进行总结。

指导建议:让学生说出本组开展龙灯彩扎工艺模拟申遗过程中遇到的问题,小组成员是如何想办法解决问题的?对申遗还有哪些困惑?

2.评价与反思

学生以小组为单位，按照评价表，对其他小组进行评价。

评价表

小组成员：　　　　　　　　　　　　　　　　　　　　　　　　　　　总分：

评价项目	评价等级		
	一级（3分）	二级（2分）	三级（1分）
语言表达	铜梁龙灯彩扎工艺模拟申遗过程中，能够对申遗项目历史、申遗项目理由、科学意义等进行充分陈述与辩论，语言流畅	铜梁龙灯彩扎工艺模拟申遗讨程中，能够对申遗项目历史、申遗项目理由、科学意义等进行陈述与辩论，语言较为流畅	铜梁龙灯彩扎工艺模拟申遗过程中，能够对申遗项日历史、申遗项目理由、科学意义等进行陈述与辩论，语言不流畅
信息搜集	能按照方案，对活动所需材料进行搜集、整理，内容充分、翔实	能按照方案，对活动所需材料进行搜集、整理，内容比较允分、翔实	能按照方案，对活动所需材料进行搜集、整理，内容不够充分、翔实
合作	小组成员都能积极讨论、分工明确	小组成员中个别成员不愿与组内成员积极讨论，但能完成分配的任务	小组成员都不愿进行讨论，不能完成分配的任务

拓　展

铜梁龙灯起于明，盛于清。龙灯彩扎世代相传，在铜梁众多的扎龙艺人中，蒋玉霖、周均安、傅全泰是公认的三人传人，也称铜梁龙灯彩扎二大派系。日前，三位大师皆已作古，铜梁龙灯彩扎技艺三大派仅有周氏一脉传承较好。龙灯彩扎工艺传承人周建，是铜梁龙灯彩扎三大派的集大成者，他扎制的龙参加了国庆50周年大典、上海世博会等展演，他本人还远赴日本、法国等地参加文化交流活动。教师引导学生进一步探究这一传统手工技艺，并思考如何才能更好地对其进行保护与传承。

知识链接

一、申报国家级代表作的项目应具备的条件

1.符合国家级非物质文化遗产代表作的定义，具有杰出价值的民间传统文化表现形式或文化空间，具体范围如下：

（1）传统文化表现形式，主要包括民间文学（包括作为文化遗产载体的语言）、民间美术、民间音乐、民间舞蹈、戏曲、曲艺、民间杂技、民间手工技艺、生产商贸习俗、消费习俗、人生礼俗、岁时节令、民间传统知识、传统体育竞技等。

（2）文化空间，指按照民间传统习惯的固定时间和场所举行的传统的、综合性的民间文化活动。如庙会、歌圩、传统节日庆典等。

2.根据《国家级非物质文化遗产代表作申报评定暂行办法》有关规定，推荐申报项目应注重下列标准：

（1）具有突出的历史、文化和科学价值；

（2）具有在一定群体中世代传承的特点；

（3）在当地有较大影响；

（4）符合以上条件，且处于濒危状态。

3.制订切实可行的五年保护计划。

二、申报材料

1.申请报告：省级文化行政部门或中央直属单位向“部际联席会议”办公室（文化部）提出本省或本单位申报国家级非物质文化遗产代表作项目名单，并对申报项目名称、申报者、申报目的和意义进行简要说明，同时附省级人民政府或主管部门意见。

2.项目申报书：包括基本信息、项目说明、项目论证、项目管理、保护计划、省级专家论证意见、省级文化行政主管部门审核意见。

3.辅助资料：包括录像资料、证明材料、授权书，以及其他有关资料。

4.申报项目简介：包括项目的基本情况、地理位置、历史沿革、主要价值和影响（字数500~600字）。

5.项目申报书用A4纸印制，一式10份，电子文本（Word格式）2份。

6.所有申报材料及辅助资料上报“部际联席会议”办公室（文化部）后将全部归档，不再退还。

三、申报程序

1.公民、企事业单位、社会组织及各级行政部门的申报程序：

（1）公民、企事业单位、社会组织及各级行政部门等可向所在辖区文化行政部门提出国家级代表作项目申请；经所在辖区文化行政部门审核同意后，逐级上报至省级文化行政主管部门。

（2）省、自治区、直辖市委、人民政府直属单位可向省级文化行政部门直接提出国家级代表作项目申请；省级文化行政部门可组织专家直接选择辖区内的申报项目。

（3）省级文化行政部门对辖区内的所有申报项目进行审核、筛选、评估、论证；对传承于省内不同地区的同类项目，可综合归纳后统　申报。

（4）省级文化行政部门将筛选、论证后的申报项目，报经省级人民政府同意，上报“部际联席会议”办公室（文化部）。

2.中央单位的申报程序：

中央直属单位在征得申报项目所属地区同意后，组织专家对选定项目进行论证，将论证后的项目直接提交“部际联席会议”办公室（文化部）。

四、申报工作要求

1.提高认识，加强领导，认真组织，按时做好申报工作。

2.可采取专家推荐与地方申报相结合的方式，认真选择申报项目，依靠专家，科学认定，确保申报项目的质量。

3.申报材料齐备后，报“部际联席会议办公室”（文化部）。凡不符合申报条件、没有电子文本、申报材料未达到要求或超过申报时限者（以当地邮戳为准），将不予受理。

4.有关申报工作的具体内容和程序，请参见《国家级非物质文化遗产代表作申报指南》。

注：“文化部”现为“文化和旅游部”。

“铜梁龙灯彩扎工艺模拟申遗”学习单

[活动目标]

通过开展龙灯彩扎工艺模拟申遗活动，学生能够说出至少三点龙灯彩扎工艺的特点；能够对当地龙灯彩扎工艺进行模拟申遗；形成传承与保护当地非物质文化遗产的意识。

[活动方案]

“铜梁龙灯彩扎工艺模拟申遗”小组活动方案表

小组名称：　　　　　　　　　　　　　　　　　　　　　　　　日期：

申遗项目	
申遗项目历史	
申遗理由	
保护建议	
科学意义	
小组分工	
任务与职责	负责人
陈述员	
辩论员	
资料员	
记录员	

[评价与反思]

评价表

小组成员：　　　　　　　　　　　　　　　　　　　　　　　　　　　　总分：

评价项目	评价等级		
	一级(3分)	二级(2分)	三级(1分)
语言表达	铜梁龙灯彩扎工艺模拟申遗过程中,能够对申遗项目历史、申遗项目理由、科学意义等进行充分陈述与辩论,语言流畅	铜梁龙灯彩扎工艺模拟申遗过程中,能够对申遗项目历史、申遗项目理由、科学意义等进行陈述与辩论,语言较为流畅	铜梁龙灯彩扎工艺模拟申遗过程中,能够对申遗项目历史、申遗项目理由、科学意义等进行陈述与辩论,语言不流畅
信息搜集	能按照方案,对活动所需材料进行搜集、整理,内容充分、翔实	能按照方案,对活动所需材料进行搜集、整理,内容比较充分、翔实	能按照方案,对活动所需材料进行搜集、整理,内容不够充分、翔实
合作	小组成员积极讨论、分工明确	小组成员中个别成员不愿与组内成员积极讨论,但能完成分配的任务	小组成员都不愿进行讨论,不能完成分配的任务

音乐大课堂

适用年段：小学　　建议时间：120 分钟

活动目标

掌握四四拍的节奏，并能结合小乐器表演。

活动准备

材料：电脑、电视、小乐器（三角铁铃鼓手摇铃等）、PPT、纸杯、塑料杯。

场地：音乐教室。

活动实施

1.热身

熟悉音乐基础。

2.任务要求

掌握四四拍节奏，用不同方式击打杯子发出声音，为四四拍歌曲伴奏。

3.讨论问题

讨论实施任务的方法和难点。

4.制订方案

“音乐大课堂”小组活动方案

小组成员：　　　　　　　　　　　　　　　　　　　　日期：

<table>
<tr><td>地　点</td><td></td><td>组　长</td><td></td></tr>
<tr><td colspan="4">任务：</td></tr>
<tr><td colspan="4">活动方法、步骤与注意事项：</td></tr>
<tr><td colspan="4">分工安排（搜集信息、文案、绘图、汇报等）：</td></tr>
<tr><td colspan="4">四四拍节奏特点：强弱次强弱的节拍规律
拍打杯子手法：
注意事项：</td></tr>
<tr><td colspan="4">本组作品图稿、主题及创意说明：</td></tr>
<tr><td colspan="4">本组创作成品成型的效果（描述）：</td></tr>
</table>

5.任务实施

活动一:学生欣赏视频,回忆节奏

学生回忆视频中节奏出现的基本点,老师从中引导,使学生掌握前段四四拍节奏。分小组合作学习,要求每组要同步打好节奏。小组依次展示。

活动二:再次欣赏视频,学习后半段

(1)引导学生发现节奏出现的基本点。

(2)用口诀的方式让学生快速记忆。

(3)学生小组练习。

(4)小组展示。

活动三:前段和后段的结合练习

(1)学生把前段和后段结合起来练习,消化并掌握。

(2)老师播放各种四四拍歌曲,学生跟着歌曲用杯子打出节奏。

活动四:创编

根据基本的集中节奏,创作出不一样的杯子舞。

• 活动要求

①整过活动过程中不要大声喧哗,活动中少走动。

②积极发言,勇于创新。

③学会简单的节奏创编。

• 小组合作,共同创新

组合整个小组,分发各种小乐器,组织大家表演。

• 小组展示,评价交流

学生以小组为单位,创编各种节奏基本点,小组进行展示。

活动总结

1.展示与交流

教师组织小组讨论,对整个活动过程进行总结。

2.评价与反思

评价表

姓名: 日期:

我的表现:
对此我的理解是:
应注意的事项(要点):

“音乐大课堂”学习单

[活动目标]

掌握四四拍的节奏，并能结合小乐器表演。

[活动方案]

“音乐大课堂”小组活动方案

小组名称： 日期：

地　点		组　长	
任务：			
活动方法、步骤与注意事项：			
分工安排（搜集信息、文案、绘图、汇报等）：			
本组作品图稿、主题及创意说明：			
本组创作成品成型的效果（描述）：			

[评价与反思]

评价表

姓名： 日期：

我的表现：
对此我的理解是：
应注意的事项（要点）：